七三一部隊「少年隊」の真実

戦後80年の証言から

エイミ・ツジモト

えにし書房

プロローグ

かつて、中国東北部に満州という日本が建国した傀儡国家があった。

そこには第二次世界大戦中、「七三一部隊」と称する世界に類のない細菌研究所が存在した。最初はハルビンに。ほぼ体制が整ったところで奥地の「平房」という寒村に。日本軍は土地を購入し、大掛かりな施設の建設を始めていった。

しかし購入とは名ばかり、平房周辺に住む村人たち（満州人）を武力で脅し、安価で土地の売却を強いた挙句、彼らを追い出したのだ。昭和十一（一九三六）年から十三（一九三八）年にかけてのことである。村人たちは、関東軍の凶暴さに恐れをなし、代々受け継がれてきた墓地や土地を手放さざるを得なかった。それればかりではない。彼らが目前に迫る冬に備えるための農作物を収穫することさえ、関東軍は許さなかった。同時に関東軍は、施設建設に不可欠な工事作業員として、村人からおよそ千人を低賃金で徴用している。

村人たちの計り知れない怨嗟の果てに施設が完成するや、待ち構えたように、中国人を中心とする諸国の捕虜たちをその新施設に送り込んだ。〈マルタ〉と称された人々である。七三一部隊の隊員たちは、彼らを「人」としてみなすことはなかった。彼らの体を切り刻んで終戦間近まで「生体実験」を繰り返した。

戦後、旧日本軍七三一部隊の人体実験の非道については、アウシュヴィッツやダッハウに代表されるドイツ各地におけるユダヤ人収容所で行われたナチス・ドイツとの共通性について研究されている。しかし、七三一部隊はそれらとは全く異なる。アウシュヴィッツなどの場合は、連合国によって解放された時点で、強制収容されていたユダヤ人をはじめとする生存者は救出された。

しかし、七三一部隊はそうではない。〈マルタ〉と称された人々は終戦直前まで生存し、そして撤退までに彼らは一人残らず殺戮された。逃亡に成功した者はただの一人もいなかった。その結果、生存者の証言や被害者たちの「声」は永遠に「抹殺」された。これが、アウシュヴィッツなどとの決定的な違いである。

さらにいえば、戦後ドイツで開廷されたニュルンベルク裁判では、「人道と平和」に対する罪によって、戦犯たちが法律で裁かれた。一方、日本は東京裁判で七三一部隊に関して不問とされた挙句、日米両政府によって彼らの行為は免責までされたのだ。またドイツは政府も民間企業もユダヤ人たちに対し、一応戦後保障を行った。だが日本は、中国をはじめとする〈マルタ〉の遺族に対して保障することもなく、今日に至っている。

またソ連では、昭和二十四（一九四九）年十二月二十五日から三十日にかけて、捕虜とした川島清や柄沢十三夫、さらには関東軍司令官山田乙三を含んだ十二人の被告をハバロフスクで裁いた。いわゆる「ハバロフスク裁判」である。起訴状は「細菌戦用兵器ノ準備及ビ使用ノ廉デ起訴サレタ元日本軍軍人ノ事件」を表題とした。

山田乙三は、敗戦の足音が忍び寄る昭和十九（一九四四）年七月、サイパン陥落によって東條英機内閣が退陣した際、梅津美治郎大将にかわって関東軍総司令官に就任。同時に、満州国の日本大使も兼任した。だが昭和二十（一九四五）年八月九日、ソ連の参戦を知ると、敵軍をくいとめるべく、関東軍総司令部を満州と朝鮮の間を結ぶ鉄道の拠点となっていた通化へと撤退させ、持久戦を図ろうとしたがもはや遅かった。ソ連軍は国境を越えて関東軍を撃破したのだ。

そしてその結果、日本敗戦後の十九日、山田は極東ソ連軍総司令官ヴシレフスキーとの停戦交渉を進めたが、捕虜となりハバロフスク将校用収容所に収監されたのである。

ハバロフスク裁判の記録は日本語に訳されたものの、日本国内ではソ連による一方的なデッチ上げだという風潮が高まった。

本書は、約八十年の歳月を経て、七三一部隊のおぞましい戦争犯罪に加担せざるを得なかった「少年たち」の証言を紐解きながら、その実相について明らかにしようと試みたものである。いまさらながら、沈黙を強いられ「闇」に葬られるはずだった彼らの「声」が、重要かつ貴重なものであると書くなど、おこがましくも「無礼」であることは承知のうえである。だがそれでも書かずにおられなかった理由のひとつには、人間としての「尊厳」、そして「自由」というもののありかを私なりに追究したかったこと。そしてもうひとつ、このテーマを書くきっかけとなった事実に出会ったことにある。

私は二〇一八年に『満州天理村「生琉里《ふるさと》」の記憶――天理教と七三一部隊』を出版した。

執筆するに当たり、天理教信者たちとは何度もインタビューを重ねた。当時青年期だった彼らの「記憶」は色褪せることなく、敗戦から帰国するまでの道のりが過酷であればあるほど「記憶」の鮮明さが胸に迫った。出版後、天理教関係者からは心ない言葉を浴びせられたが、私は揺るがなかった。彼らは「満州天理村」の歴史、ましてや引き揚げの体験者でもないのだ。九十歳を前にした人たちが、天理教の教えに背いてまでも当時の仔細な「事実」を語った姿は、たとえ多少の「バイアス」がかかっていたとしても、誰一人としていさめる立場にはない。それぞれの証言には明らかな裏付けがあったのだ。

その聞き取り調査の過程で、七三一部隊における「少年隊」の存在を把握した。小学校を出たわずか十三〜十四歳の少年たちが、部隊の医療助手になるべく渡満していたことを知って驚愕した。「少年隊」に関する資料収集も並行して開始すると、幾人かの証言が届けられた。だが証言者たちはすでに他界しており、中身は過去の出版物に掲載された証言や身近な人に語っていた覚書に関するものだったので、その時は本に掲載するまでに至らなかった。

だが唯一「心残り」な「目撃」証言が残された。物書きの習性というのだろうか。それは前著『満州天理村「生琉里」の記憶』に登場した証言者の一人、相野田健治の記憶である。それは相野田自身を修正苦しめることになり、夜な夜な頭に浮かび、その姿を前に、家族をも苦しめることになった壮絶な「光景」なのである。筆者はその記憶への疑念を抱いたまま、七三一関係のニュースが出るたび心が疼いた。

コロナ渦が収まりつつある二〇二三年秋のことである。

この年の夏に長野県阿智村の満蒙開拓記念館において、私の講演会があった。連日の猛暑で暑さに弱い私は、講演会後あろうことか「昏倒」してしまった。救急車で運ばれた先は飯田市内の病院だった。私の朦朧とする意識のなかで、「い・い・だ」ということばが耳の奥で反復していた。

後日、スタッフに「い・い・だ」という地名が妙に引っ掛かるのだが、心当たりはないか、と聞いた。

「飯田には七三一部隊に関わった人たちが、戦後日本に持ち帰った器具やマニュアルがあったでしょう」

おそらく、そのことがあったからではないかと言う。それは実に的確な指摘だった。たしかに知人から平展の中での展示品に関する資料が届けられていた。ただその限りでは、信憑性に欠けていた。この日を境に地元協力者の力を借り、「存命者」への聞き取りができることに期待をかけて調査を再開した。

すると、どうだろう。「少年隊」に属した一人の情報がもたらされたのだ。敗戦の年、昭和二十年四月に入隊した第四期生のものであった。

南信州が秋色に染まる頃、ついにインタビューが実現する………。

＊〈マルタ〉と表現するのはとても心苦しいことであったが、あえて本書では史実に沿って使用したことをお断りする。

七三一部隊「少年隊」の真実〈目次〉

第七三一部隊高等官団
第一棟をバックに九十八名の部隊上級幹部が、北野政次部隊長（当時）を中心に集合している。
註・写真中右肩から左下に幅広の肩章をつけているのは当直（日直あるいは週番）士官

高等官は軍人では尉官以上に匹敵する高級官僚の官等であった。
①北野部隊長　②大谷少将　③川上漸博士　④田部少佐　⑤菊地少将　⑥石光調査課長
⑦永山大佐　⑧中留大佐　⑨園田大佐　⑩吉村技師　⑪細谷剛男（石井四郎の実兄）
⑫湊技師　⑬堀口技師　⑭景山中尉

第1章　第七三一部隊、誕生に至るまで

「戦前の日本には兵役の義務があり、軍隊の中では『上官の命令は、朕が命と心得よ』という軍隊規律があった。その上、逃亡の罪、器物損壊の罪など十大罰則によって、がんじがらめにされていた等々……。だから国家の意思の前に、私たちは従順なロボットだったと。私はもう、『日の丸のうた』を、うたわない」

越定男　元関東軍七三一部隊第三部本部付運輸班員

七三一部隊とはなんであったのか

東條英機が数回訪問したとも言われる第七三一部隊でわずか十四歳の「少年隊員」たちが医療見習訓練を受けることになった経緯について、まずは簡略に説明しておきたい。

七三一部隊とは、満州（現中国東北部）ハルビン郊外の平房に本部を置き、細菌兵器の研究開発、さらには実戦使用を進めた日本陸軍の部隊である。正式名称は「関東軍防疫給水部」という。

七三一部隊のほかに細菌戦部隊として次の四部隊が存在した。本部の所在地も明記しておく。

栄一六四四部隊（中支那防疫給水部）／南京
甲一八五五部隊（北支那防疫給水部）／北京
波八六〇四部隊（南支那防疫給水部）／広東
威九四二〇部隊（南方軍防疫給水部）／シンガポール
陸軍軍医学校防疫研究室
第一〇〇部隊（関東軍軍馬防疫廠）

さらに北支那軍馬防疫廠・中支那軍馬防疫廠・南支那軍馬防疫廠といった、家畜の伝染病を兵器として開発する細菌部隊も存在した。

日本陸軍は「大陸命」（日中戦争開戦後の大日本帝国陸軍に対する〔天皇〕の命令）のもと、このような機関を設置して研究を拡大させていった。そしてその中心人物は、七三一部隊隊長の石井四郎軍医中佐（一八九二〜一九五九）であった。本章では、そこに至るまでの過程を述べていくことにする。

七三一部隊の前身は昭和七（一九三二）年八月、「陸軍軍医学校防疫部」に設置された「防疫研究室」である。石井は昭和三〜五（一九二八〜一九三〇）年にヨーロッパ出張と称してポーランドのワルシャワで開かれた国際医学学会に出席し、西洋列強の細菌戦研究を目の当たりにする。帰国後、少佐に相当する「陸軍三等軍医正」となり、細菌研究の重要性を大いに提唱した。

防疫研究室はやがて、「国軍防疫上作戦業務に関する研究機関」となり、それを機に石井は満州へ渡った。

当時の関東軍作戦主任参謀の石原莞爾大佐の極秘支援を受け、背陰河《ペイインホー》に「同研究所」を開設。石原大佐の後任となった遠藤三郎大佐は当時の回想の中で、この研究所を視察した時のことを次のように述べている。

「それは、ハルビンと吉林の中間地にあった。ハルビン寄りの背陰河という寒村にありました。高い土塀に囲まれた醤油製造所を改造しており、勤務する軍医や関係者すべてが匿名であり、外部との接触通信も許さぬ厳しい環境の裏で「東郷部隊」と名付けた。被実験者を一人一人厳重な檻に監禁し、各種病原菌を生体に植え付けて病性の変化を検査しておりました。その実験にともされるものはハルビン監獄の死刑囚とのことでありましたが、いかに死刑囚とはいえ、また国防のためとは申せ、見るに忍びない残酷なものでありました。死亡した者は高圧の電気炉で後も残さないように焼くとのことでありました」（要約）

（遠藤三郎『日中十五年戦争と私 ―― 国賊・赤の将軍と人はいう』一六二頁）

石井たちはこの施設で「捕虜」を監禁し、本格的な生体実験を繰り返した。実験の犠牲者たちの遺体は、高圧の電気炉で跡形もなく焼却したといわれる。

当時のハルビンは中国東北地方の中心部に位置し、奉天に次ぐ大都市として松花江《しょうかこう》を右岸にながめる美しい町であった。ところが一八九八年、当時の帝政ロシアはこの地域への進出を目指し、手始めに東清鉄道の建設を計画。清朝政府からハルビンを買収してロシア風の町づくりに着手した。モスクワをモデルにしたもので、ハルビンは街の中央から道路が貫かれ、ヨーロッパ風の建築物が建ち並ぶ緑豊かな都市へと変貌していった。しかし一九〇五年に起こったロシア第一革命により、ハルビンは中国に返還される。

そして一九三一年九月、日本軍による柳条湖事件に端を発する「満州事変」によって、ハルビンの運命は大きく一転する。かねてより南満州一帯に占領計画を立てていた中国駐留の関東軍が、これをきっかけに侵略を開始したのである。以来、美しいハルビンの街は日本化が進み、第二次世界大戦終結による日本の敗戦まで関東軍の支配が続いたのである。

この街に、関東軍防疫給水部本部が設置されたのが昭和八（一九三三）年のこと。「関東軍防疫給水部」とは、後の第七三一部隊である。「秘匿部隊」であることから、当初は「東郷部隊」と称されていた。本部の所在地は先にも書いたように、ハルビン市浜江駅付近の背陰河である。ほどなく部隊の名称は「東郷部隊」から「加茂部隊」へ、そして最終的には「満州第七三一部隊」へと変遷していく。

関東軍はやがて最終的な研究施設として、ハルビン郊外およそ二〇キロの平房近くに大規模な研究施設を建築。以後は関東軍七三一部隊と称したが、正式には「関東軍防疫給水部」である。そしてここで〈マルタ〉と呼ばれた人々が、様々な細菌および戦時医学のための生体実験の犠牲となっていったのである。

加茂部隊から千葉部隊へ

昭和八（一九三三）年頃から、千葉県の小さな「加茂《かも》」という地区から満州へ、出稼ぎに行く人が目立つようになる。というのも、ハルビンで軍関係の仕事があるらしく、条件や給料がよくて仕送りもできるという。世間は不景気だったので、農家の次男・三男のみならず、一家の大黒柱の長男まで満州に出稼ぎに行くといった有様だった。

昭和十三（一九三八）年になると、三十名近くが集団となって満州に出かけて行くようになる。噂では、石井家と関連があるらしいが、その仕事内容は「秘密」という。その実、誰一人として詳細はわからずじまいだった。

この間の七三一部隊に至るまでの流れをたどると、まず昭和十一（一九三六）年には「関東軍防疫部」がハルビン市内に設置され、翌十二年の日中戦争勃発の直前には軍の命令によって「満州駐屯軍陸軍部隊」が編成されている。これによって、昭和十三（一九三八）年、ハルビン郊外南約二〇キロにある平房付近一帯が「特別軍事地域」に指定された。この軍事地域はすべての一般人の立ち入りを禁止し、さらにすべての航空機には上空の飛行を禁止するという措置をとった。

さらには昭和十三年から十五年にかけて「関東軍防疫給水部」と名称を変えた七三一部隊が、ハルビン市内からここに本部を移している。

これはすべて石井四郎隊長の指揮下で動いたものである。

平房地区に七三一部隊本部を建設するに当たって、「秘密部隊」としての任務が徹底して外部の目に触れないようにすることが不可欠である。隊長石井四郎は、そこに自ら信頼でき、隊の手足となって働く人材として自分の郷里の人間を求めたのだ。

四方を山に囲まれた石井の故郷である千葉県加茂村。そこに住む人々は義理人情に厚く、素朴な働き者という評判であった。ましてや血縁で絡み合った人間関係は容易なことでは壊れない。そうした環境にいる人々が、旧家であり、多くの秀才を輩出している石井家の呼びかけに応じて、満州に馳せ参じたのは大いに想像できる。

当時の人々の手記や記録を紐解いていくと、最初にこの地方から満州に出かけていったのは、昭和八（一九三三）年。つまりこの年はハルビンにおける「関東軍防疫給水部」の設置と符号する。この時には、「加茂」地区や近隣の「多古」地区からおよそ十五名がハルビンに出発し、新設された「防疫給水部」の助手や実務といった軍属としての役割を担っていた。

以後、石井は公式に満州行きの人材の募集を進めていく。第一期募集は、昭和十三（一九三八）年。三十名の応募があった。以後、昭和十四（一九三九）年の第二期、十五（一九四〇）年の第三期と募集が行われている。大袈裟に言えば、千葉県の小さな村の存在が、七三一部隊の出発点といえるだろう。第一期から第三期までに応募して条件を満たした男性の多くは、東京の陸軍軍医学校内で選考されたうえで、渡満していった。

平房の七三一部隊本部には他府県からも人間が集められてきていたが、秘密部隊としての「特別班」勤務など、部隊の中枢を支えたのは大半が「加茂」や「多古」地区からの人間だった。

彼らはやがて七三一部隊で隊員となり、あるいは軍属としてなくてはならない存在となり、隊長石井四郎の期待に応えていく。ここに初期の七三一部隊が「加茂」部隊と称される所以がある。彼らは並外れた結束力で、任務を遂行していくようになる。我らこそが「加茂」部隊なのだ、と大いに自負心を抱きながら。

敗戦から八十年近くを経てなお、当時の生存者たちは頑なに沈黙を守り、今日に至るまで七三一部隊の秘密を公開せず、外部に対しても隊員だったことすら認めようとはしない。

彼らは軍籍を隠し、偽って生きてきた。その結果、不幸にも軍人恩給の申請すらしないまま、もっと言えば政府からの恩給を拒んだまま生きてきたのだ。

戦後になると、七三一部隊関係者の間にはいくつかの「戦友会」が結成され、隊員や軍属の名簿もできている。だが、石井四郎が見込んだ彼らにとって隊員名簿など不要なのだ。石井家のもとに結束した第七三一部隊の歴史は、一人ひとりの胸にしっかりと刻まれ、「光と影」を背負ったまま「秘匿」され、今日に至っている。

ここに第一期募集に応募した三十名のうちの一人の証言がある。彼の証言内容は、戦後に発表されたさまざまな資料において「辻褄」が合うため、本書に記すことにした。

ある大工見習いの証言

それは、昭和十二（一九三七）年冬のことである。知り合いの元巡査で、満州帰りの一人の男が彼を訪ねてきた。

「満州の方でお国のために人手がいる。それも絶対に信用のできる技術のある若い人が欲しいらしい」

聞けばこの人物は昭和八（一九三三）年頃からハルビンへ出かけ、石井部隊長の下で働いていたという。

「加茂の石井さんの偉い息子さんが隊長をしておられるところだ。どうか、一つあんたも行ってくれないか」

と強く誘われた。当時は不景気で、人々は給金をまともに与えられていなかった。

話があまりにうますぎるので、心配になって、大工見習いの友人のところに相談に行った。すると驚いたことに、その仲間のところへも元巡査は勧誘に行っていた。みんな同い年で、大工、タイル職人、ペンキ職人や左官職人などを職業とする人間である。具体的な説明は誰も受けていなかったが、満州での仕事はおそらく建築関係だろう、ということがうすうすわかった。いずれ徴兵されるのなら満州へ行ってひと働きしてみるか、しかも石井の息子が頼んでいるのだ、断るわけにもいくまい、とみんなで相談した結果、その誘いを受けることにした。

気楽な気持ちで応募書類を提出。ところがその直後から厳しい身元調査が始まり、驚いた。それは徹底したもので、本人の思想信条はもとより、何代も遡って共産主義者や不穏な思想を持った者がいなかったかどうか調べられた。親戚や友人についても厳しく追及された。

この審査に通って初めて試験を受けられる。試験場は東京・牛込近くにある陸軍軍医学校だ。筆記試験は簡単な数学と知能テストのようなもので、身体検査もあった。最終的に合格したのは、雑役関係も入れて三十名ほどだった。

合格者は翌十三年一月の終わりから二月の始めに一団となって日本を出発した。行く先は知らされていなかったが、下関から関釜連絡船に乗り、釜山からは鉄道で満州に入った。降りたところはハルビンで、ものすごく寒かった。鈴木組という土建会社の宿舎に一泊し、翌日に現地入りした。だだっ広い野原のあちこちで大規模な建設工事が行われていた。建物はすでに完成したものや工事中のものが入り混じっているようだった。

一連の施設の中心部と思われるところには、大きな長方形の四、五階建てぐらいの高さの建築物がほぼ完成していた。壁面はレンガ三枚積みになっている頑丈なものだった。

三十人は一ヵ所に集合させられ、班長とかいう責任者の偉い人が出てきて訓示を行った。

「お前たちには本日より『千葉班』として国費の任務に就いてもらう。この任務は国家的機密に属するもので、万一班以外の人間に機密を漏らした場合はこうなる」と言って、班長は手で首をばっさり切り落とす仕草をした。

えらいところに来たものだと後悔したが、今さらどうにもならない。言われた通りにやればどうってこともないだろうと、腹を決める以外にやりようがなかった。

関東軍防疫給水部

翌日、彼らは早速作業に取りかかっていく。何を造るのか全くわからないまま、ただ指示された通りに動くだけである。作業現場は中心部の建物の内部にあった。その中に四方を建物の壁に取り囲まれた広い空き地があった。中庭と思しきこの場所に〝何か〟を建設するのだ。

北満の寒さは経験したことがないほどであり、夜は零下四〇度にもなった。外では涙も鼻水も、吐く息でさえも、たちまちにして凍ってしまう。ところが、作業現場の建物の中は暖かいスチームが通っているのだ。だから、寒さは作業の妨げにはならなかった。あとから知ったことだが、この施設群は「関東軍防疫給水部」の本部であるということだった。昭和八（一九三三）年、ハルビン市内浜江《ひんこう》付近に設置されていた「関東軍防疫給水部」は、やがてこの地域に大規模な施設を造って移転することになっていた。

すでに一部の工事は昭和十（一九三五）年頃に開始されていたという。主な施設は大林組が、付属施設は鈴木組がそれぞれ請け負うことになっていた。鈴木組は元々千葉の小さな土建屋だったが、石井隊長の兄の剛男と知り合いでこの工事を受注できたと言われていた。実際、鈴木組はこの工事でボロ儲けしたが、敗戦後はすべてを失ったという噂が飛び交った。

工事は難儀なものだった。だだっ広い原野に、高度な研究ができる、しかも人間の住める一大施設群をゼロから造るのだ。

冬になると工事は中断。土もセメントも何もかも凍ってしまうからだ。だが、多くの日本人作業員とさらに多くの中国人クーリー（苦力）の尽力で、昭和十三（一九三八）年までには主要な施設はほぼ完成にこぎつけたのである。

監獄に違いない

大工見習いの証言は続く。

自分たちは鈴木組の飯場の一つに寝泊まりしながら、半数ずつ二交代で昼夜、ある建物の突貫工事をさせられた。不思議なことに、鈴木組に属する「千葉班」三十名以外は、この建物の作業には一切関与させないのである。そして全体の設計図を見ることができたのはごく限られた者だけだった。

自分は設計図を見ることができたのだが、何を造っているのかさっぱりわからない。どうやら宿舎みたいなものを二棟造っているらしい。

各棟は二階建てで、一、二階とも構造は同じである。二棟は東西に横一線に並んでおり、それぞれ二階への階段は外についている。各棟の両端は頑丈な片開きの鋼鉄製の扉で仕切られていた。

ところが、普通の宿舎にしては壁や床のコンクリートが必要以上に厚い。そしてそのコンクリートには何本も鉄筋が入っているのである。部屋と部屋を仕切るコンクリートの壁は三〇センチから四〇センチの厚さだ。

各フロアには中央の廊下を隔てて、両側に四畳半か六畳ほどの部屋が八室ぐらいずつ並んでいる。各室には水洗トイレが取りつけられている。廊下に面した壁はそれぞれ全面鋼鉄で、片開きの扉は二重になっており、扉の他には小さな差し入れ口みたいなものがついているだけである。外側に面した壁には大きな窓があるが、鉄格子がはめられていた。やがてその窓には三センチはあろうかというほどの厚い防弾ガラスが入った。しかもガラスには白い金網が組み込まれている。

「これはどう見ても監獄に違いない」

一年以上もかかってようやく作業が完了した。全貌をあらわにした建物を見て誰もがそう思ったが、もちろん一人として口には出さなかった。建物は二棟で、その間を通るように建築された中央廊下の左右に設けられた鋼鉄の扉を開けて、この廊下を横切る形で自分たちは二棟の間を行き来した。

ところがようやく完成したと安堵する間もなく、職人たちは身内から予想だにしない襲撃をくらうはめになる。突然、責任者の技師たちが銃を持って乗り込んできたのだ。何事だろうかと呆気に取られていると、技師の一団は新築の建物に銃を向け、乱射し始めたのである。彼らは完成したばかりの建物の壁や床をところ構わず撃ちまくる。銃弾で窓ガラスにはたちまちひびが入り、こなごなに割れた。

「こんなことではダメだ！　やり直せ！」

技師の一団はそう怒鳴り散らし、その場を去っていった。職人たちは銃撃で破壊された部分を取り壊し、再び作業に取り掛からざるを得ない。

ようやく造り直しが終了したところで、また技師たちがやってきて、銃撃。またもや建物は壊れたのだ。再三やり直しを命じられ、ようやく完成が認められたのは、三度目のやり直し作業を終えた後のことである。すでに昭和十四（一九三九）年になっていた。

結局丸二年がかりで、「千葉班」三十名は銃撃に耐え得る頑強な監獄を完成させたのだ。

この間の千葉班の職人たちの日常は、ただただ宿泊所と現場を往復するのみで、毎日十二時間労働を強いられた。三十人は疲れ切った体に鞭打つようにひたすら働き、夜は分厚い馬肉のステーキを食べ、布団に潜り込んだ。極秘任務についているため、他人との接触はまず敬遠しなければならない。当時は工事関係者ばかりでなく、部隊関係者の一部も平房に移転してきていた。

そんな彼らにとって唯一の楽しみは、週二回ほど宿舎から出て平房駅前の飲み屋に行くことだった。駅前と言っても、野原の真ん中にぽつんと小さな集落があるだけだ。そんなところにも日本人が経営している飲み屋と食堂、それに女郎屋があった。高粱の酒をとっくり一本飲めば八銭。あまり酒の飲めない彼はそれで、足がぴょんと上がるような気分になった。気分転換の意味もあったが、何より寒いのをこらえるためによく飲んだ。駅までは歩いて三十分ぐらいだった。途中の野原では狼のような「ノロ」という山犬が出没するので、いつも班の仲間と連れ立って駅に向かうのだった。

工事が終わると、口外無用の厳命とともに「千葉班」はようやく解散となった。それまで自分たちは表向き地方から来た職人ということだったが、それ以後は軍属となり、部隊の工務班に配属された。彼は召集されるまで七三一部隊に勤務した。当時何も知らされなかったが、「千葉班」の構想と実際の組織化は石井部隊長の直接の命令によるものだったと思う。部隊の秘密の中枢を任せるには、隊長と距離が近く、口の堅い、相互で監視が効く人間を置いておきたいはずだからである。

三十人の職人たちは、自分たちが建てた恐ろしげな監獄に、一体どんな捕虜が入れられるのだろうと疑問に思ったが、まさか「生体実験」の施設だとは到底考えが及ばなかった。

やがて、中国東北部平房の町に大規模な関東軍「特別軍事地域」の軍事施設となって登場した。昭和十三（一九三八）年六月十三日のことだった。

周囲を高圧電線を張り巡らした土塀に外堀、鉄条網で囲まれたこの施設に「加茂部隊」が次々と移ってきた。施設には、飛行場をはじめ関係者およそ三千人は収容できる宿舎や学校・大講堂・運動場そして神社に至るまでが用意されていた。

そしてこの移転を機に「加茂部隊」は「東郷部隊」と改名した。「満州第七三一部隊」が正式名になるのは昭和十六（一九四一）年八月のことであった。

この施設で「何」が行われ、どのような研究成果が挙げられたのか――恐怖の一端が明白になるのは戦後になってからのことである。

さらに言うなら、千葉班の職人たちが、自分たちが造った監獄が七号棟、八号棟と呼ばれる生体実験用の〈マルタ〉を収容するための特別監獄であることを知るのは、後に彼らが七三一部隊に軍属として正式に勤務するようになってからのことである。

ちなみに七、八号棟は「ロ号棟」と呼ばれた。それは上から見るとロの字に似ていたためだった。ロ号棟の一角には作業に携わる人々の宿舎があった。やがて建設が終了すると、そこは施設内で働く中国人の宿舎となった。「厳重秘密」の施設とはいえ、通訳をはじめ農作業や広大な施設内の清掃などは、満州人の力が不可欠であった。そして彼らのほとんどは、敗戦直前の撤退期に証拠隠滅のために殺害されている。

次章より「少年隊」について述べていくことになるため、彼らが各専門分野の軍医や七三一部隊隊員たちの助手として「七号棟・八号棟」で「見てきたこと・やってきたこと」の施設が当時はどのような配置になっていたのか。戦後の出版物などで発表された絵図がまちまちだったこともあり、筆者はより信憑性があると考えられる図をここで紹介する。〈マルタ〉の監視をはじめとする世話係を強いられた元特別班が公表した図である。

「ロ号棟」の責任者は石井剛男といい、石井四郎の二番目の兄である。しかし当時、彼はなぜか石井ではなく「細谷」と名乗っていた。ちなみに三番目の兄三男は「動物班」の責任者となっている。つまり、秘匿すべき要所は石井家やその同族で固められていたのだ。

1 施設正面から建物に入ると、鉄製の鋼鉄扉がある。
2 鋼鉄扉には小さな開閉用ののぞき窓が切り込まれている。
3 扉は内側からのみ開く。
4 開かれた扉を通り抜けると、「ロの字」を東西に分岐する大きな廊下がある。
5 分岐した廊下の左右が芝生の「中庭」である。
6 廊下に沿って左側には、仮眠室と消毒風呂。右側には受付・(特別班)事務所その奥には炊事場がある。
事務所には各班長が詰めている。
7 左側の中庭のほぼ真ん中に「七号棟」、右側の中庭に「八号棟」がある。

元・特別班員Ｙの記憶にもとづいた「呂の字」内部

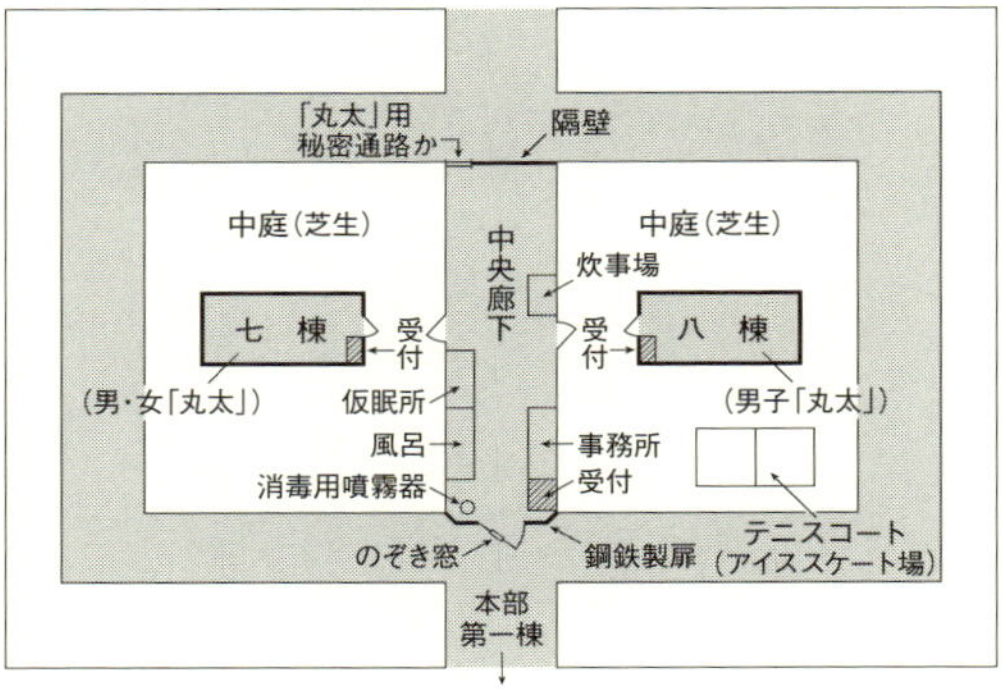

このように詳しく分別された構造において、ロ号と称する七・八号棟があり、診療部がロ号に隣接していた。またこれらを「一棟」と称したという。さらには食堂・大講堂もあった。「東郷村」と称した隊員およびその家族が住む地域もあり、ここに東郷神社も存在した。

平房地方の冬は長い。部隊では隊員たち、とりわけ若い少年隊員が退屈しないように六三講堂と呼ばれた大講堂やその周りでさまざまなイベントを計画した。写真にあるように、運動会は春と秋、相撲大会や武道大会さらには演劇などである。ここには、照明設備も完備されており、映画も上映された。ざっと二千人は収容できたといわれる。また隊員の家族のために「平房新聞」が発行されていた。今でいう「コミュニティ新聞」のようなものだろう。懇親会なども開かれていた。そんな時には「軍歌」がよく歌われたという。

この広大な敷地は、頑丈な鉄条網が張り巡らされ、夜には強力な電流が流れた。血生臭い〈マルタ〉の匂いを嗅ぎつけたオオカミたちが施設へと向かったのだが、鉄条網に引っかかり、抜け出そうと吠え続けることもしばしばだったといわれる。また施設に設置された門は、正門一つのみ。石井隊長はじめ関係者も、この門から出入りした。

正門には「何人といえども関東軍司令官の許可なくして立ち入りを禁ず」と書かれた立札がかけられた。この門をくぐると、コンクリート造りの大きな建物が目に入る。建物の周りには空堀の上に二メートルほどの土塀が築かれ、さらにその上に一・七メートルほどの鉄条網が張り巡らされ、見張り番の歩哨がいた。

〈マルタ〉

では、ここに記された〈マルタ〉とはどのような存在であったのか。今日では、すでにその存在が世に公表されているが、改めてここで述べておく。

〈マルタ〉とは、関東軍憲兵隊・特務機関・さらにはその配下にあったハルビン保護院によって捕らえられたロシア人・中国人・モンゴル人を指す。時には朝鮮人も含まれた。少数ではあるが、アメリカ人の捕虜もいた。

関東軍憲兵隊と特務機関は、満州全土で侵入。潜伏していたソ連軍情報将校や戦闘中に捕虜となった中国軍、つまり八路軍の幹部や兵士たち、さらには日本の侵略に反旗を翻した抗日運動に参加した中国人ジャーナリスト・学者・労働者・学生や彼らの家族など多数の人々を次々と逮捕していった。

そのようにして捕らえた人々を、関東軍は〈マルタ〉と呼び、特別移送扱いとして平房の施設ロ号棟に準備した「特設監獄」にぶち込んだのである。

その瞬間から、彼らは人間ではなくなった。その名の通り材木のごとく扱われ、あろうことか研究目的に応じて生体実験の材料となったのである。一人ずつ三桁の番号が付けられ、番号ごとに各班に分けられていった。〈マルタ〉はそれまでの経歴や人格はもとより、その年齢すら問題にされなかった。我々が忘れてはならないのは、彼らの背景にはいうまでもなく、侵略者である日本人への反抗闘争があったこと。日本軍に拘束されるまでの彼らは、みずから語るべきものを持つ一人の人間であり、人格があったこと。だが、収容された時から、彼らは二度と再び生きては帰れぬ空前絶後の運命をたどり、帝国日本軍の実験材料となっていったのである。〈マルタ〉には女性たちもいた。ロシア人女性、中国人女子学生などである。彼女たちは、主に梅毒の実験材料とされた。

部隊六号棟の中心にコンクリート二階建ての建物があった。周囲を長い廊下で囲まれ、数多くの個室と部屋ごとの覗き窓を持ち、各研究班に直結したこのコンクリート建物を隊員たちは「マルタ小屋」と称した。これこそが第七三一部隊「特設監獄」のことである。冒頭に述べた特別班に管理されている「マルタ小屋」は、左右二つに分かれ、七号棟・八号棟と呼ばれていた。七号棟には男性が、八号棟には女性が収容されていた。女性は男性に比べて少数であったために、時には八号棟にも男性が収容されることがあった。

敗戦後ソ連の捕虜となり、ハバロフスク軍事裁判での第四部細菌製造部長川島の証言によれば、部隊には通常二百から三百人の〈マルタ〉がいたという。〈マルタ〉は各班の実験や研究目的に応じて個室に移されたり、三～十名ごとに雑居室に入れられたりした。部隊に収監されるまで彼らは、関東軍憲兵隊の拷問に責め抜かれていた。しかし部隊に送り込まれて以降は、一切の拷問・虐待はなくなり、尋問も強制されなかった。そればかりか、彼らには栄養が十分摂れる最高の食事が与えられ、また三食に加えて、デザートまでついたという。さらに彼らには睡眠も十分に与えられた。拷問によって衰弱した体力を一刻も早く回復させ、健康な肉体を取り戻すこと、これが〈マルタ〉に課せられたものだった。

ではなぜ、人間扱いをせず〈マルタ〉と称しながらも優遇する必要があったのか――それは〈マルタ〉を健康体に回復させることによって、実験・研究の良き対象者としたいからに他ならない。もっと言えば、不健康な状態ではまともな実験ができないのだ。後に日本軍が実施を計画した「細菌戦」準備のために、〈マルタ〉を利用する研究は不可欠であった。

戦地において、敵軍に細菌をばら撒く際に、負傷した味方の兵士が七三一部隊によって散布された「病原菌」に接触することも大いにあり得る。あるいは細菌戦の成功で敵地に侵入することになれば、予防や治療方法がない場合、細菌戦を遂行した意味がなくなってしまうのだ。つまり絶対に自軍の兵士に犠牲が出るようなことがあってはならない。敵兵を倒し、自国兵を救済してこその「細菌戦」であると石井四郎は考えたのだ。またそれには、コレラやチフスをはじめとするワクチンの開発を急がねばならなかった。だからこそ健康な〈マルタ〉を必要としたのだ。

もっとある。ネズミに寄生するノミの研究によって、ネズミがどのように病原菌で汚染され、人体に接触し、ノミをたからせていくのか。それによって敵基地攻撃にどのような方法で散布させるのかを、〈マルタ〉による実験で研究した。「細菌戦」は、散布するだけではない。井戸水や食べ物に炭疽菌やチフス菌を注入すれば、十分「兵器」となる。部隊は開拓団にネズミを集めるように指示した。開拓団の子どもたちは競ってネズミを捕獲し、教師たちに褒められた。その子どもたちが、街に出た大人たちが持ち帰った饅頭などに混じった「菌」

各班長および研究対象は以下のとおり。

* 笠原班　中佐級笠原技師　ウイルス
* 二木班　中佐級二木技師　ガス壊疽
* 吉村班　中佐級吉村技師　生理学
* 筧班　少佐級 筧《かけい》技師　消化器系統伝染病
* 高橋班　軍医少佐高橋正彦　ペスト
* 君島班　中佐級君島技師　炭疽ほか獣疫
* 有田班　有田技師少佐　X 線ほか放射線
* 秋元班　大尉級技師秋元須恵夫　血清学
* 田中班　田中技師中佐　ペストノミ（田中は第2部にもペスト菌兵器の生産班をつくっていた）
* 黒沢班　黒沢技師少佐　農作物の病原菌と害虫

⑤　第2部　第1部で研究された細菌兵器の効力の実験、およびその生産。部長は碇軍医少佐。同部の組織および人員は不詳。同部は浜江省安達県に大規模な野外研究所をもっていた。

⑥　第3部　血清とワクチンの生産（関東軍用）。病種により各班に分かれていたと推測。知られているものとして有田班があり、有田軍医少佐を班長として発疹チフスの生産をしていた。

⑦　第4部　江口軍医中佐を部長とする。各号の石井式濾水機を製造。ハルビンの診療部伝染病棟の南隣に製造工場があった。通称「南棟」と呼んだ。

Ⅱ　支部

大連衛生研究所が最大の支部であり、日本軍が使用する血清とワクチンを生産した。所長は荻原少佐級技師。そのほかに4つの支部があり、各方面軍に対する戦時の防疫給水を任務とし、佐官級軍医以下約300名が配属されていた。

ハイラル　加藤恒則少佐
牡丹江　尾上正男少佐
孫　呉　西　俊英中佐
林　口　榊原秀夫少佐

なお尾上正男・西俊英の二人はソ連の捕虜となり一九四九年十二月ハバロフスク軍事裁判を受けた。

第七三一部隊概要

Ⅰ　部隊本部　約 3000 人（軍属を含む）
部隊長　石井四郎中将　1936 ～ 42 年および 45 年～敗戦まで
北野少将　1942 ～ 45 年 2 月

1）　総務部　太田大佐、中留中佐。途中太田軍医大佐に交代。
以下、250 名で 5 課に分かれる

2）　人事部　小山衛生少佐　以下約 10 名

3）　軍需課　鈴木軍需少佐　以下約 15 名

4）　調査課　大佐級技師・石光薫　以下、約 25 名
臼井軍医中佐以下 6 名。東北水系および伝染病の流行状況を調査した。
図書館は新井雇員以下 3 名。約 20000 冊の図書を管理した。
翻訳班は秦軍医中尉以下 6 名。ロシア語の医学文献を翻訳した。
印刷班は約 5 名。研究書類を印刷した。
写真班は約 5 名。究用の写真を撮影した。

5）　庶務課　高橋伝軍医少佐以下約 15 名。班に分かれ、労務班には工藤技師以下約 13 名いたが、その内容は定かになっていない。警備もあり石井技師を班長としており、本部の監獄に監禁されていた〈マルタ〉を監視した。

6）　企画課　1945 年 7 月に新設、部隊の各種陰謀活動を策定した。中佐級技師の二木（第一部二木班班長を兼任）以下数名。情報班は約 3 名、情報の収集に当たった。

①　薬剤部　部隊が必要とする関東軍の伝染病薬剤の供給および研究。部長は大谷薬剤少将。

②　教育部　731 部隊の隊員の戦時における防疫給水業務の教育。西軍医中佐以下約 12 名。被教育者約 30 名（部隊の衛兵を兼務）。

③　診療部　部長軍医大佐永山太郎以下約 70 名。ハルビン伝染病棟に収容された関東軍の伝染病患者の治療（特に永久保菌者）。

④　第 1 部　細菌研究　部長　菊池軍医少将
多くの研究班が置かれ、各班には佐官級軍医または技師以下数名から数十名。同部の任務は細菌兵器の基礎研究を行うことであった。

の犠牲者となったことも忘れてはならない。

最後に付け加えておきたい。当時、ソ満国境地帯に原因不明の流行性出血熱が流行していた。原因としてウイルスやノミによって蔓延するものとした部隊は、直ちに〈マルタ〉を使って実験を行っている。彼らの壮絶な実験の様子は、後の章で述べることにする。

なお平房本部に匹敵するスケールの部隊は北京・南京・広東およびシンガポールにも防疫給水部として存在した。また南京（一六四四部隊ともいう）では、人体実験が平房同様に行われた。ここでも〈マルタ〉あるいは「材木」と称され、人間としての扱いはなかったのである。

第2章　少年隊の始まり

昭和十二（一九三七）年から十三年の初頭にかけて「加茂部隊」を結成。職人たちを渡満させた。同時に、当地において「少年たち」にも募集をかけていた。本書に登場する田村良雄はその一人である。昭和十四（一九三九）年、七三一部隊に「少年隊員」として入り、昭和十六（一九四一）年八月「少年隊」の解散によって「雇員」として、第四部細菌製造部において柄沢十三夫班長の下、昭和十八（一九四三）年三月に一時帰国の許可が出るまで細菌製造に携わった。以後、彼の多くの供述が登場する。

七三一部隊――幻の少年隊　昭和十四年

第1章では、昭和十三年までに石井四郎の地元より三十名からなる職人部隊「千葉班」を編成し、「加茂部隊」と称して満州をめざしたことを紹介した。

ところがほぼ同じ頃、やはり石井は同郷に限って少年たちを募集していた。この章では後に幻の少年隊と呼ばれるようになる彼ら「初期少年隊」の結成までの経緯を追っていくことにする。

「初期少年隊」は「加茂部隊」と同様に、まず地元で人選したうえで上京させ、本格的な審査に入っていった。

少年たちは高等小学校を卒業したばかり。わずか十四歳の、いまだ童顔が残る年齢であった。

入隊を希望した少年たちには二つの共通性があった。第一には家庭が経済的に裕福ではなかったこと。第二に少年たちがいずれも高等小学校在学中で、成績がよく優れた頭脳の持ち主であり、なおかつ向学心に燃え、知的好奇心が旺盛な者ばかりだったことである。

あの時代に北満に渡り、厳しい環境にあってもなお、お国のためだと教育され、辛酸を舐め尽くした「少年隊」。彼らの存在を筆者が知った時の驚愕は「プロローグ」でも触れた。ここではあらためて、彼らの生い立ちの中で、戦前の社会や学校が果たしていった「軍国教育」のありかたに焦点をあてたい。貧困ゆえに進学をあきらめざるを得なかった当時の優秀な「少年たち」。その心を鷲づかみにした日本軍の功罪をたどっていくことにする。

昭和十三年のこと――消えた少年たち

昭和十三（一九三八）年四月、七三一部隊は隊長石井四郎の同郷である千葉在住の少年たちに限り募集をかけた。彼らが、第七三一部隊における最初の「少年隊員」たちである。

翌十四（一九三九）年、石井の兄剛男を責任者として入所試験が実施された。

折しもこの時期、ドイツ視察から帰国したばかりの石井は、軍医学校の中に防疫研究所の設立を急いでいた。そこでの彼は教官であると同時に、陸軍中佐として力を振るっていた。

合格した少年たちは上京して、軍医学校において面接試験を受けることになる。まず徹底した「健康診断」が行われた。合格にはなによりも健康体であることが必須条件だったからだ。

無事合格し採用された少年たちは、これからの作業において「見ること・聞くこと・他言ならず」さらには「そこで得る知識や技術も外部では一切使用するべからず」という奇妙な内容の誓約書に署名させられる。そしていよいよ念願の軍医学校に入学。進学したくてもできなかった少年たちは、少しでも「医者」の世界に近づけることを夢見て、「人体解剖」の標本などを前に、基本的な医学知識を叩き込まれていった。

そんな彼らが本来は少年隊の「一期生」と称されるべきではあるが、予期せぬ事態に次々と巻き込まれ、やがて彼らは志半ばで解散を余儀なくされる。

昭和十四（一九三九）年の晩秋、彼らは日本での研修を終えると、軍から支給された支度金で旅支度をして「満州」に向かった。徴兵検査年齢にも満たない「少年軍団」である。

渡満後は各班に分けられた。班長は部隊の隊員が受け持った。午前中は高等教育並みの各学科とともに、細菌学などを学んだ。午後は部隊にある各研究室において「見習い技手」の立場で経験を積む。彼らは「兵士」でも「軍属」でもなく、「徴用工員」という位置付けだった。当時は日中戦での戦闘が日増しに激しくなり、やがて、日米開戦が目前に迫る頃だった。

そして昭和十六（一九四一）年十二月八日、日本海軍がハワイ真珠湾で、アメリカ海軍・太平洋艦隊を奇襲。「日米戦争」の幕開けである。

当時から粛々と戦闘の準備を進めていた日本軍は、いつの頃からか「少年たち」の多くに次々と七三一部隊での任務から南方戦線への移転を命じていった。

新設された平房の七三一部隊に移動後は、本部の教育部に配属され「石井式濾水機」を本格的に学んでいた彼らだけに、「給水部隊」としての能力が十分にあった。

それによって「少年たち」は、日本兵とともに「防疫給水作戦」に参加させられるはめになった。その結果、多くの少年隊戦死者を出す悲劇に見舞われてしまう。そのことが要因となり、以後続くはずだった「少年隊」募集計画を一時的に止めざるを得なくなったのである。徴兵年齢にも満たない少年たちを戦場に送り、戦死させたのだから当然であろう。

ここでいう石井式濾水機とは、石井四郎が開発し、汚水を浄化することで、安全かつ衛生的な飲料水に濾水することができる装置のことである。後述するが、昭和十四（一九三九）年六月から九月にかけ、一次・二次にわたって繰り広げられたノモンハン事件において多大な成果を上げている。

この事件では部隊から「防疫給水隊」と称して三隊を編成した。だが給水にあたってはハルハ河と支流のボスティン河の二ヵ所のみの水源であった。敗北が続きやがて新たな編成によって少年たちが動員されている。しかも「加茂部隊」として渡満した時期にすでに公募を実施していたことに驚愕する。

石井四郎が「少年たち」の命を、はなから愚弄しながらも、あえて「少年隊」としたその名付けはあまりにも無責任かつ冷酷であり、筆者はあえてこの章では「少年たち」とした。教育によって偏狭な精神を疑うことなく信じ込まされ、兵士たちとともに「散華」した彼らの短い人生に想いを馳せる時、その存在は「負」の遺産である七三一部隊の歴史の中でも決して置き去りにされてはならない。戦地に赴かざるを得なかった少年たちの「覚悟」。それをさせた教育者をはじめ軍人たちの「大罪」。少年たちはハルビン医科大学への入学を夢見て、日夜勉学に励んだばかりでなく、「生体実験」の助手となって、人間としての正常な感情の動きまでも次第に剥ぎ取られていったのだ。

それは人間としての素直な尊厳までをも失う思いであったに違いない。目前で次々と繰り広げられる研究室での光景に、やがては自分たちも実験台にされる日が来るのかもしれない、と恐怖に慄く日々が続いたと証言する元少年隊員も存在する。

希望の光を与えていると見せかけ、少年として、いや少年ゆえに「弱者」として切り捨てられるなどと思いもしなかった少年たちの一途な姿勢を思えば、彼らの存在をあいまいにすることは許されまい。少年たちの心情を物語る証拠として、ここでは詳細な記録を残した岩手出身の元少年隊員の証言を紹介したい。この記録は、これまで発表された七三一部隊に関する資料において一部公表されている。少年たちの多くは石井四郎の故郷周辺から集まっていたが、この少年の証言から、募集が全国的に行われていたことが判明する。

【証言者・匿名希望　岩手在住】

彼は昭和十二（一九三七）年、少年飛行隊の募集があることを聞き、いち早く応募する。試験の内容はかなり難しかったというが、六十七名の合格者の中に入った。

同年六月、東京・新宿の陸軍医学校に入学。その頃には十四歳になっていた。

少年は関東軍防疫給水部隊に軍属として配属される。そこで約半年間の基礎教育を受けた後、十二月には新潟港から朝鮮を経由してハルビンに到着する。

ハルビン到着後は陸軍将校が出迎え、少年たちを特務機関の建物に連れて行った。驚いたことにそこにはすでに十数名の少年たちが待機していたという。

結果的に、集められたのは総勢百二十三名だったと彼は記憶している。この少年たちこそが石井四郎の発案で編成された、いわゆる「幻の少年隊」だ（なぜ彼らが「幻」と称されるのかは後に詳しく述べる）。

彼らはハルビンの特務機関施設で、朝八時から午後二時まで一般教養、外国語、衛生学などをみっちりと詰め込まれた。少年も寝る間もないほど勉強に打ち込んだ。午後からは七三一隊員たちの助手をしていたという。

教室は七三一部隊総務課の下にあった部屋で、向かいに図書館もあり、そこには外国語の書籍もずいぶんあった。その頃はまだ、平房の施設は完成していなかったが、ハルビン郊外に七三一部隊の診療部があった。その近くに「石井式濾水機」についての研究部屋があり、少年たちはそこでも学習を重ねていった。このことが後に少年たちの運命を左右することになるとは誰も想像すらしていなかった。結局、彼らは二年半を費やし、教育科目を修了した。昭和十四（一九三九）年七月のことだった。

戦後、この少年は幸運にも母国に帰還。自らの手で体温を測った〈マルタ〉が彼の目前で、雪の降り積もる中「凍傷実験」でもがき苦しみ、やがて息絶えた姿が忘れられず、思い出さない日はないという。

「教室の後ろには、木銃を持った教育隊員が自分たちを監視していた。居眠りしそうになると、それでぶんなぐられたものです」

少年たちの思いはただ一つ「お国のために役立つ人間」になること。それだけのために必死で学び、難しい化学記号などを頭に叩き込んだ。

午後には「銃剣術」の特訓など、厳しい軍事教練が待っていた。だが、それ以上に少年たちには大きな夢があった。

「成績の優秀なものは、ハルビン医科大学への道が開かれ、医者になれるのだ」

〈マルタ〉を前に、恐怖の実態に苦しみながらも、自らこう言い聞かせながら、少年たちは寸暇を惜しみ、学習に没頭する毎日を過ごした。

こうして教育課一年目を無事終えた彼らは、部隊本部の各部門へとそれぞれが配属されていった。

本来は石井四郎の地元に限って「少年たち」を募集していたが、先述したようにこの少年隊員の証言によって、募集が全国区で行われていることがわかる。しかも彼は昭和十二年六月に入学とある以上、石井が故郷から募集をかけた以前のことになる。

東北地方の岩手・盛岡では「少年飛行隊募集」を見かけて、飛行機好きの少年たちが喜び勇んで応募している。「親に無断で応募した」少年飛行隊の実態は、七三一部隊への入隊そのものであった。少年たちは募集の謳い文句と程遠いところにある現実に失望したはずである。だが、すでに親元から離れ、遠く満州へ渡った以上、後戻りは許されなかった。わずか十四歳の少年の失望は計り知れないものがある。彼は当初、匿名希望者としてアメリカ人ライター、ハル・ゴールドが書いた『証言・七三一部隊の真相』の中でも証言しており、矛盾はない。これを読めば、当時の石井四郎は地元少年を募る一方で、陸軍は軍属の「航空隊募集」と称して少年たちの気を惹き、地方で募ったということになる。

「昭和十二年、岩手県公会堂に行きました。そこで将校に軍医学校に行けと奨められ、六月、東京新宿の陸軍軍医学校に入れられました。十三歳の時です。厳しいテストにあって五十人中六〜七名が選出されたのです」

「私たちは石井部隊長の発案で集められた幻の少年隊一期生でした。総勢二十二〜三人だったと記憶しています」（筆者註：彼は二十二〜三名と言っているが、岩手県出身者のみの数ではないかと推測する）

少年たちの証言に共通するのは、平房では厳しい学習環境にあり、午後には隊員たちの助手をしたという。彼らの教育期間は二年半、終了したのは昭和十四（一九三九）年七月のことだった。

部隊内で、たまに石井に出くわすことがあった。その時はいつも頑張れと励まされた。一度すれ違いざまに、帽子のことを思わず中国語で「しゃっぽ」（筆者註：フランス語「シャポー」からの俗語だが、少年たちは中国語と思い込んでいた。あるいは筆者の知るところでは山形地方でも呼ばれていた）と言って、厳しく叱られた思い出があるという。石井からは「帽子と言え！」。つまり日本語を使えと言いたかったのか、そう怒鳴られた。

この頃には、石井が軍医学校の中に防疫研究室を設立していたと彼は認識している。彼は「関東軍防疫給水部隊」の軍属として配属されたという。

その年の十二月頃に新潟港から朝鮮経由でハルビンに到着。一時的に彼らは、迎えに来ていた関東軍将校が隊長を務めるハルビンの郊外にある特務機関の建物へと連れて行かれた。その建物は南棟とも呼ばれ、七三一部隊診療部があり、そこで「石井式濾水機」について学んでいる。その後、完成した平房本部へと送られていった。

「ここでは、東北地方の税金を一年で使ってしまう。そのくらい重要な仕事をしているのだからがんばれ」と、仲間たちと歩いている時も教官にはっぱをかけられていた。

ハルビン郊外には毒ガス実験所が数ヶ所あり、その一つが七三一部隊の人体実験場である安達《アンダー》野外実験所だった。平房から北西に設置した施設の隣に山を背景にした実験場だ。彼はそこで生体実験に立ち会っている。

平房の本部施設から護送されてきた〈マルタ〉が杭に縛り付けられる。飛行機から爆弾を落とし、その噴霧によって杭の周辺に散布された細菌に〈マルタ〉がさらされていく様を、隊員たちはつぶさに目撃し記録していたのである。

「二十～三十人の『マルタ』が木柱にうしろ手にしばられていて、毒ガスボンベの栓が開きました。関東軍のお偉方がたくさん視察に来ていました。竹田宮（昭和天皇の従兄弟）も来ていました」

この後、彼はペストに感染し、一時的に隔離される。小康状態になるが旅順に送られ、「結核療養」という名目でいったん帰国を余儀なくされ、広島の病院に入院する。昭和十八（一九四三）年のことである。広島からさらに故郷の盛岡にある陸軍病院へと転院させられている。この間に七三一部隊からは費用として一ヵ月三十六円の送金があり、退院後も通院が認められた。少年は七三一部隊の厚遇に感謝した。

「その代わり憲兵が毎日私について回り、行動を監視される生活でした」

それはあくまで隊の実態を口外してはならないという、口止め料に過ぎなかったのだと戦後になって知る。回復後はなぜか、平房には戻らず海軍に転属させられた。そこで特殊潜航艇の研究室に配属が決まり、掃海艇に乗り込んでいた時に敵魚雷に沈められた。それは、すでに陥落寸前のキスカ島に向かっていた時のことだった。

幸か不幸か彼は苫小牧の沖で救助され、青森・大湊の海軍病院へと運ばれる。それから程なく、日本は敗戦を迎えた。

彼はいずれの時期には本名を名乗り、自らの体験を語る決意であると『証言・七三一部隊の真相』で述べている。

「幻の少年隊」田村良雄の証言

ここでは昭和十四(一九三九)年に「少年隊」に志願し、満州へと渡った大正十二(一九二三)年千葉生まれの田村良雄の証言を紹介する。それは「幻の少年隊」の実態や、その後の各隊員たちの行く末を知る記憶として、後世に残すべき重大な証言である。

先の二人の匿名証言は「飛行隊」に惹かれての志願とあるが、田村は正真正銘、石井四郎の地元から応募した少年である。

昭和十四(一九三九)年三月、田村が実業学校に通っていた時、航空班班長の増田美保(薬剤将校)が勧誘にやって来た。増田は田村と同じ千葉県銚子の出身である。田村は在学中とはいえ、勉強どころではなく軍事教練中心の生活。学校には配属将校が在駐しており木銃を持って歩いていた。何かがあれば、彼らにすぐさまそれで突かれたり、殴られたりした。学校へは殴られに行くようなものだったという。そんな時、部隊長が千葉出身であり、面倒を見てくれるとさかんに勧誘され、田村は断りきれず、落ちるのを覚悟で応募したが、合格してしまったのだ。

同年四月一日、田村は軍医学校防疫研究室に来訪せよという通達を受け取る。初めて両親に報告。両親は驚いたが、時節柄反対もできず、やむなく承諾。そして上京し、訪れたのが牛込区戸山町にある研究室だった。本人確認に手間取りながら、田村はようやく通用門から中に入ることを許された。そこには、軍医学校や陸軍病院もあった。宿舎は近くにある浄土宗の清源寺。この寺の庫裡で生活が始まっていく。仏教寺院が七三一部隊に関係したとは驚きである。

研究室では、初歩的な細菌学、そして石井式濾水機・濾水菅の検定方法などを学んだ。夕刻寺に帰ると、中国語の学習が待っていた。

一週間ほどして、初めて石井四郎と会った。彼は少年たちをぐるりと見回した後、「顔色の悪いのがいる。身体検査をもう一度やり直せ」と言った。これが石井の最初の言葉だった。「お前たちは七三一部隊だ。よく勉強すれば大学へも入れる」と石井は彼らを激励した。

五月、少年たちは満州へと向かった。

ハルビンに到着し、最初に向かったのは七三一部隊「吉林街分室」であった。そこで身分証明書を受け取った。車で平房にある建設途中の七三一施設に到着するのは五月十二日のことだった。

到着してまず目に入ったのが、「関東軍司令官の許可なきものは、何人といえども立ち入りを禁ず」と書かれた立て看板だった。周りは鉄条網が張り巡らされ、夜には高圧電流が流れると聞かされた。彼らの宿舎は未完成だったので、臨時的に宿舎に充てられたのが、真っ先に完成していた正面向かって左側にある「第一棟」。そこには総務部や診療部があり、「内務班」を設置したうえで臨時宿舎とされたのだ。

そして翌日から教育が始まっていく。

まずは憲兵による授業である。「軍機保護法」それは、特別軍事地域に指定されている場所に出ることの認識。たとえ日本軍の飛行機であっても、施設の上空は飛行できないこと。「見るな・聞くな・言うな」という部隊の鉄則を教えることで、彼らの教育は始まっていった。

翌日も同じ憲兵が「陸軍刑法」を教えた。これは、部隊から逃げ出そうとするものは「敵前逃亡」を意味し、処刑されるということである。つまり「脅し」なのだ。

その上で、部隊表向きの「防疫給水」に関わる学習が始まっていった。平房の施設にはなく、わざわざハルビンまで車で出かけたという。ただ、「運輸班」が防疫給水部に属していた。とにかく、暗記することばかりでへこたれそうになった少年たちである。

親に自分の役目を知らせるときは、「主に浄水を補給し、直接戦力の保持を図る。併せて防疫消毒を行うことを任務としている」と言え、と命令された。

こうして田村は二年半の教育期間を終了して後、川島少将率いる細菌製造部の「柄沢班」へと転属させられていった。おそらく（彼は昭和十六年に募集を再開した一期生）少年隊の中でも年長組であったからであろう。昭和十七（一九四二）年から十八（一九四三）年にかけてのことである。その後は旧関東軍五四師団、二二五師団軍医部の衛生兵などを務めた。

敗戦後は捕虜となって、東北人民解放軍に（医療アシスタントに近い）「医生」として勤務する。そして昭和二十四（一九五四）年になると、「撫順《フーション》戦犯管理所」へと収監されていく。彼はそこでの特異な体験を終え、日本に帰国した。その間に書かれた五つの供述書が現存する。みずからの罪を認める供述書は、管理所関係者の胸を打つものであった。

戦後になってから実名で自らの体験を公表し、七三一部隊の実態を世に晒してくれた彼の強靭な精神、さらには中国側の日本人捕虜に対する人道的な姿勢を示す貴重な記録は、現在に生きる我々に戦争の残忍さを知らせ、二度と再び「過ち」をおかしてはならないと警鐘を鳴らす。

以下できる限り、中国の戦犯管理所での田村の告白を（「田村良雄の告白：中国・撫順戦犯管理所　第二〇六号と呼ばれた」より）引用していきたい。

【証言者・幻の少年隊　田村良雄（後に篠塚と改姓）】

一九二三（大正十二）年、千葉生まれ。

一九三九（昭和十三）年、実用学校に通っていた十六歳の時、石井四郎にスカウトされ、同郷隊の少年隊員募集に志願。両親は反対したが、満州で一旗揚げたいという田村の夢にしぶしぶ折れた。教育・実践の経験を経て一九四二～四三年（うち一ヵ月は休暇で帰郷）柄沢班に属した。以後敗戦まで、関東軍五四師団・一二五師団軍医部の衛生兵などを務める。

敗戦後は東北人民解放軍に「医生」として勤務。その後一九五四年、「撫順戦犯管理所」（中国・撫順に開設された日本人戦犯管理所。一九五〇年の中ソ条約締結によって、シベリアに抑留されていた日本兵の一部は中国に引き渡された。また中国で拘束された元日本兵〔七三一部隊員や少年隊員たち〕の一部も収監された。ここでは、自分たちの犯した罪を反省するように時間をかけて促されていった）に収容される。田村の証言は、この撫順で書かれたものである。

田村の記録によると、「軍属・傭人」として、七三一部隊に就職したとなっている。

しかしながら、昭和十七（一九四二）年八月初旬、七三一部隊の「幻の少年隊」は正式に解散となり、以後雇員となって第四部第一課柄沢班に勤務したとある。つまり、少年隊の多くが「給水部隊」として南方へと転属して行くなか、彼は部隊に留められたようだ。

戦後、撫順に収容された田村は、ほどなく「七三一部隊」にいた事実を素直に認め、自己批判としての自らの罪状を告白していくようになる。

ある日、「恐怖の細菌部隊」にいた田村が告白するというので、撫順戦犯管理所の収容者や多くの関係者が講堂に集まっていた。

部隊におけるかつての軍医や中国人医師をはじめ管理官たちまでも、仕事の手を休めてスピーカーから流れてくる田村の告白にじっと耳を傾けた。

その内容は七三一部隊における「少年隊員」たちに課された、壮絶な体験を生々しく再現するものだった。

以下、彼の告白を簡略に紹介する。

「松花江流域に沿ってハルビンの東に一本の道があった。中国人民はこの道路を殺人道路と呼び、心から憎んでいた。自動車で三十分も走ると、道路は次第に狭くなり、真っ直ぐに走って来た道路は急に曲がって平房駅へと向かっていた。この曲がりくねった道路を注意深く観察すると、草の茂みの中に一本の道路があり、これが第七三一部隊に通じる道路だった。この道路に面している見渡す限りの草原の中には、麦の刈り取りの跡を残し、また平和な家庭を営んでいたはずの家々が火をつけて焼き払われ、その焼け残った柱が、日本侵略者の蛮行を訴えるかのように突っ立っていた。日本の侵略者は一九三八年、この付近に住んでいた五つの村人を集め「保護部隊」と名付け、奴隷のような労役を強いるために平房の施設に監禁し、彼らから一切の自由を奪い、外部との一切の往来を断ち切った。それ以来、この周辺地域は細菌戦部隊の演習所と化し、緑豊かな田畑は細菌で汚染され、実験による死刑場に変えられたのだ」

田村の告白が始まると、講堂に集まった旧日本兵や、独房にいる元日本軍士官たちからも啜り泣く声がしてきた。

　七三一部隊に一年もいると、ここがどういうところか少年たちにもおぼろげながらわかってくる。それにもかかわらず、一部の元七三一隊員たちは「少年たちに何がわかるか（つまり実験の真相など理解するはずもない、ということ）」とうそぶき、時には極秘事項を助手の少年に漏らしてみたり、密室の実験に立ち合わせた。

　それでも少年たちが近づけなかったのは〈マルタ〉を管理する「特別班」だった。ある隊員は田村に言った。

「これは秘密だぞ。ばれようもんなら首が飛ぶからな」

　白くてブクブクとした顔の隊員は声を顰めて話し始めた。

「昭和十七（一九四二）年三月に遠征隊を編成し、その本部を上海と漢口に置き、ここを拠点に細菌をばら撒いたんだ」

　この隊員によると、柄沢班の細菌は正直、使い物にならないという話だった。なぜなら雑菌が多いので輸送の途中で腐るのだ、と。だが結局は腐らなかったのだ。

「だからペストが最も効果的だった。菌を入れた金平糖や甘納豆の袋に、落下傘をつけ飛行機から投下した。たちまち子どもたちの体はくちゃくちゃになり、相当死んだ」

　そんな酷い話を聞いても、自分たち少年隊は子どもたちへ同情するどころか、むしろ功名心に燃えて、ますます英雄気取りになってしまっていった。そのような思い上がりは、まるで七三一隊員そのものであった。人間として悲しむべきはずの細菌実験の成果を、手柄話へとエスカレートさせていくのだった。

　消そうにも消せない記憶の数々が田村の脳裏をよぎって行く。かつての上官たちの態度や彼らの発言に、自らの罪を重ね、告白を続ける田村の胸中はいかばかりであったことか。

そしていよいよ告白は、狂気の「生体実験——殺人事件」へと進んでいった………。

事務室のスピーカーから聞こえる恐ろしい田村の告白に、中国人関係者には思わず耳を塞ぐ者も出ていた。

「午前七時、中国人の体温を測る時間になっていました。私は動物が死ぬほどの毒力ならば、昨日反抗した〈マルタ〉も死んでいるに決まっている、と消毒室に機材を取りに走りました。特別犯の入口である鉄の大門を開け、出入り許可証を示し、私は中国人を監禁している二棟の中の一つである七棟に行こうとしたところ、前方から、担架を担いだ二人の男が飛び出してきました。担架にはたった今、誰かの手によって殺害され、腹を断ちきられ、頭を叩き割られ、足を切り裂かれ、肉の塊となった中国人が乗せられており、血が滴り落ちていました。この残虐な死体を見た私は、三日前にペスト菌を注射した中国人のいる二十二号室に近づき、恐る恐る中をのぞきこみました。中国人は私の注射したペスト菌によってもだえ苦しみ、血を吐いて床の上にうつ伏せになって倒れていました。フフフ………。私は、くたばりやがった！　しめたとばかり鍵を開けて中に入りこみました。私の侵入を知った中国人は、滴り落ちる血の中から顔を上げ、赤く染まった顔でじっと私をにらみました。何の抵抗力もないことを知った私は、『畜生！　このくたばりぞこない』と履いていたゴム長靴の先で彼を蹴り飛ばすと、中国人の口からはグーグーと真っ赤な血が床を染めました。『クーイズイーデンー（鬼のやつ必ず復讐してやる）』その中国人は満身に血をしたたらせ立ち上がろうとしたが、力なくどっと倒れました」

田村良雄の「告白」は、回を重ねるにつれ第七三一部隊の様子が次々と浮かび上がり、いつのまにか撫順で収容されている元七三一部隊の隊員の中からもそれに同調、同意する者たちが現れ始めた。
こうした田村の証言は、後にソ連側に抑留されていた元七三一部隊の幹部たちにも届き、「ハバロフスク軍事裁判」におけるソ連側の関係者たちの心を大きく突き動かしていくようになる。

結果として彼は裁判で起訴猶予となり、昭和三十一（一九五六）年七月日本に帰国した。
出身地の千葉に着くと、駅で「第七三一部隊」と書かれた幟《のぼり》を立てた部隊の先輩が迎えてくれたという。その先輩はいまもなお石井部隊にいたことが誇りだ、といわんばかりに大きく胸を張って立っていた。この時の田村は、もはや彼とは話す気にもなれず、一人で両親の待つ家に急いだ。

七三一部隊が、再び「少年隊」を編成するのは昭和十七（一九四二）年のことである。募集は一期生に始まり、敗戦の年昭和二十（一九四五）年四月の四期生まで続いていく。

※この章では田村良雄を中心に記したが、石井四郎の地元だけではなく昭和十四年秋に渡満した岩手県を中心とする少年たちの証言からはこの年の春と秋、つまり「前期」と「後期」に分けて部隊へ送り込まれたことが判明。

七三一部隊少年隊員朝礼（『侵华日陆军细菌部队罪图证言片』より）

七三一部隊女子隊員東郷神社にて
（『侵华日陆军细菌部队罪图证言片』侵华日军七三一部队罪证陈列馆编　黑龙江人民出版社　1991 年より）

少年隊員たちと部隊幹部（須永鬼久太氏提供）

第3章　少年隊――一九四一～一九四五年まで

第一期生として入隊した少年隊員たちは、石井四郎を隊長とする第七三一部隊の内実を知らされないまま入隊。彼らは敗戦後の人生を圧迫され、翻弄され続けた。年長者は十八歳前後で、年少者はわずか十四歳という年齢であった。先の章で述べたが、昭和十四（一九三九）年以前には石井四郎の故郷を中心に「初期少年隊」が結成され、前期・後期にわたって八十名近くが満州に渡っている。だが、同年に始まる「ノモンハン事件」によって「初期少年隊」員たちは現地に召集され、多くが戦死。やがて「隊」は消滅に至った。生存した少年たちも戦争終結までに南方へと送られ戦死に至っている。しかし、「戦死」とは名ばかりで、彼らは日本の陸軍史においてその「存在」さえ認められないまま「幻」となって今日に至るのは周知の通りである。

昭和十七（一九四二）年入隊・第一期生

「少年隊」として新たに募集が開始されるのは、戦局が厳しくなる昭和十六（一九四一）年春のことであった。翌年入隊した第一期生少年隊員を、隊長の石井四郎は、「見習技術員」と位置付けた。

関東軍司令部あるいは第七三一部隊教育部から要員を日本全国に派遣し、進学意欲に燃えながらも貧困によって進学を断念した少年たちを中心に、日本軍の見習技術員にならないかと勧誘して回った。さまざまな事情で進学を阻まれた少年たちにとって、勉学の道に誘ってくれる有力な助っ人の出現を喜んだことは間違いないだろう。しかもわずかだが給金も支給され、身分も保証すると言われた。その上、寝食の心配もない。学歴という「資格」もとれるのだ。「お国のためにご奉公」という教育が全国の小学校で行われていた時代のことである。

第七三一部隊から学校当局を通して説得を受けた少年たちの多くが募集に応じるのは、当然なことと言えよう。こうして北は青森から南は九州全土まで「見習技術員」の試験に合格した十四歳から十五歳の少年たちが、単身でハルビンへと渡ったのである。

第一期生として合格した百七名の少年たちが入隊した昭和十七（一九四二）年四月、当時はまだ平房の部隊施設は完成の途上にあったので、到着した少年たちはまず、ハルビン郊外に用意された関東軍宿舎で疲れをとった後、平房の施設へと向かった。この時、七三一部隊の施設は完成半ばにあり、少年たちは倉庫を改造したにわか仕込みの宿舎に収容されている。彼らを待ち受けた施設の環境は極寒の地であり、特に夜は厳しい寒さであった。木枯らし吹き荒ぶ粗末な宿舎で、互いに見知らぬ少年たち同士で過ごす夜は、いかに心細かっただろう。「これがお国のためなのか」——ついつい故郷への思いをつのらせ、布団を深くかぶる。遠くで列車の汽笛が響いている。

宿舎で横たわると、そこは子どもたちだ。今頃母はどうしているのだろうか。寂りょう感におそわれ、これから先のことを考えると眠りに落ちることもままならない。激しく吹き付ける北満の風が否応なしに耳につく。みんながさまざまな不安を抱えての渡満となった。

彼らの兵舎は、にわか仕込みで粗末な建物であり屋根はトタン葺き。はたしてこんなところで生活できるのか、とみんなは心細くなった。だがいざ中に入ってみると、各自の名前が書かれた靴入れにスリッパまで用意されていて少年たちは驚いた。さらに驚いたことに数年前の「幻」となった初期少年隊と同様、銃が配備されていたのだ。それらは三八式歩兵銃や一三式歩兵銃で、そのことに不信感を抱いた少年もいた。

この一三式歩兵銃というのはチェコスロバキア製であり、日本軍にとって本格的な細菌戦を試みた「ノモンハン事件」の際に敵方から捕獲したものだと後で聞かされた。少年たちは「銃」に囲まれた兵舎で寝起きをすることになったのである。

日本各地から集められた軍医や医学者、さらには研究者が総がかりでスタートさせた第七三一部隊であるが、隊長の石井四郎は人員不足に頭を痛めていた。来たるべき細菌戦に備え、細菌製造や実験を指導する立場の専門家たちの手足となる者たちが不可欠だった。そこで日本中の病院関係から医療技術を持つ人間が軍属として雇われることになった。しかし、「細菌」を取り扱うとなると危険な作業にミスが続出し、死者までも出たと言われている。そのような事態に直面し、部隊を離れていく専門家が続出したのだ。そこで石井四郎は、新たな構想を見いだしていく。

それが「少年隊」の編成であった。国家防衛のため、徹底した「軍規律」とともに技術者を育成するという、石井なればこその着想である。それが第一期生の少年隊員たちだったのである。以後、部隊は少年たちを「見習技術員」として育成をはかるようになっていく。第一期生少年隊員たちには昭和十七（一九四二）年四月一日入隊後、ただちに厳しい訓練が課せられた。

以下、筆者に届けられた元少年隊員一期生から第四期生までの証言によって、当時の少年たちの入隊に始まる施設での「雇員」としての様子を窺い知ることができる。

【証言者・一期生　森下清人】

ここに一期生として入隊するまでの過程を戦後に詳しく述べた、大分県出身の元少年隊の森下氏の証言を紹介する。七三一部隊元隊員証言記録として、大分協和病院において平成三（一九九一）年九月に行われたインタビューより一部抜粋したものである。

質問者・山本 真　　大分協和病院　医師
回答者・森下清人　元七三一部隊少年隊一期生と本人の認識

（筆者註：なお、一期生の須永鬼久太の報告によると、昭和十七年の一期生名簿には森下という同姓名は存在するが、名前は「清人」ではない。証言内容の重要性から掲載したことをおことわりする。また、二〇二四年十一月十五日夕刻、現協和病院長となっている山本医師に電話で当時の様子を聞いたところ、肺気腫による呼吸不全で入院中の彼がふとしたことから七三一にいたことを明かした。そこで三、四回に分けて録音。その際森下には入隊中の心境にふれてみたが、山本院長の弁として「感じることはあった」が、私の口からは言えないとの返答であった）

昭和十七年三月二十七日、大分の高等小学校卒業後に「少年隊」の一員に選ばれ渡満。

森下によると二期生として入ったというが、これは正確ではない。彼が入隊した昭和十七年は、石井四郎が七三一部隊における「少年隊」として正式に編成した最初の年だったからだ。あるいは第二陣か。

彼の周辺では、卒業後の選択肢は、兵士・開拓団・軍属と限られていたという。

本人はどこかの開拓団に入ることを考えていた。

六人兄弟の長男だったが、あとはみんな女性であった。高等小学校の卒業を間近に控えた頃、遠縁の職安所長の馬場静夫から「いいところがある」と就職を勧められる。

「どこなんですか」

「満州………だ」

森下は、一瞬考えこんだという。

この時の森下には、自分が何のために、また満州のどこへ送られるのかさえわかっていなかったという。ただ一応「軍」に属するのだということだけは認識していた。

だが「軍属」というのは正確ではない。なぜなら七三一部隊の隊員においては「傭員」「雇員《こいん》」「判任官」さらには「高等官」と分別されており、少年隊は「雇員」となっていた。

ある日、夕食の席で、父親に問うた。

「満州に行こうと考えている」

小さい頃から腕白だった彼に手を焼いていたのか、父は二つ返事で了承した。

早速翌日大分を発ち、門司で乗り換え下関へ。各方面からやってくる少年たちと合流するために下関で二泊した後、釜山経由で満州へと向かったのである。

「乗船したはいいが船倉に詰めこまれ、揺れが激しくみんなが吐いていた」

高等小学校を卒業したばかりの弱冠十四歳の少年たち。海峡を渡るなど初めての経験である。その辛さが偲ばれる。夜半に釜山に着岸。それからは汽車で一路新京へ。この時点で先発隊と合流。彼らはしばしの休憩を経てハルビンへと向かった。

ハルビンの駅ではすでにトラックが待ち受けていた。数台のトラックに分乗した少年たちは、最終目的地である平房へと向かった。曠野の北満州、赤い土が舞うばかりの風景、村らしい村もない、ましてや人影も目に入らない道中は彼らの目に異様に映っただろう。

ようやく施設に到着。そこで少年たちは分班されていく。七三一部隊での名称は「教育部少年隊」である。「各班はおよそ三十名、自分は第三班でした。何に驚いたかと言えば、各班の宿舎には銃がかけられていたこと。これではまるで軍隊と変わらないじゃないですか……」

到着後一週間は、家では口にすることもなかった「ご馳走」が並べられ、みんな大喜びでほおばったという。日本本土では滅多に口にできない羊羹なども豊富にあった。

さて「教育部」として、何を「課題」とされていったのだろうか。森下によると、本部に配属されるための下準備にまずは「教育勅語」、そして「五箇条の御誓文」を覚えさせられた（この年の十二月には、石井四郎が「教育勅語」を読み上げたという。少年たちの士気を高める意味合いもあったのであろう）。

「とにかく覚えなければいけなかった。トイレまで持ち込み頑張った。どうにか頭に入ったかと思ったら、次には『軍人勅諭』（軍隊としての規律や、その根本などを定めたもの）の暗記ばかりさせられ本当にがっかりしてしまった。次から次へと覚えることが多くて」

少年隊の起床は六時。食事は六時半（冬の場合は七時）、入隊当初は大講堂の六三棟食堂であったが、兵舎の食堂室が完成すると食事当番が運んでくるようになった。部屋に戻ると床（布団）を片付け、傍の先輩の床も上げなければならなかった。それから七時に始まる授業の準備に取りかかる。授業風景は日本の学校とほぼ変わらない雰囲気だった。入口をガラガラ開けると、そこには学習用の黒板があり、机が並んでいた。

七時に教師が入室、各教科の授業をする。一時間目、二時間目というふうに時間割があったが、学科の中心は「軍人勅諭」や「戦陣訓」といった軍隊の必須事項、それに続いて学校と同じような科目を学んでいく。中国語の授業があり、これは大いに役立った。

「施設内の中国人と直接話せるからですね」

施設内には強制的に連行され、「重作業」を強いられていた中国人もかなりいた。大人の隊員たちは私語を禁じられていたが、少年たちには甘かったといわれる。

つらい毎日だったが、楽しみもあった。日曜日になれば第六三棟の大講堂で演劇が催され、ぜんざいなどの甘いものも出た。彼らがいる本部側の兵舎から六三棟まで十分くらいかかる。四列縦隊になって歩き、中に入るのだ。

入学してから半年ぐらいは衛生学を学んだ。包帯の巻き方や三角巾の使い方、消毒液が何種類もあるということもわかった。

「あくまで軍属に近い状態だが、努力したら（旧制）中学卒の資格がもらえる」と聞いた。

休日には外出許可の申請を出せば、町に行くことができた。しかし単独では許されず常に先輩が同行した。朝早く七時半か八時頃にトラックに乗せてもらい、隣部落の平房の駅まで行き、そこから汽車でハルビンまで行った。

ただ教官たちは繁華街のキタイスカヤには行くなと注意した。そこには遊郭があり、日本の軍人や軍属が入ると必ず、翌日スンガリー川にその死体が浮かぶなどと少年たちを脅した。

遊郭には行かなかったが、そこには写真館があった。自分の姿を撮って親に送った。それとロシアの飴屋もあり、時折買っては故郷に送った。

先輩たちとハルビンの街に出かける時には、なぜかスキン（コンドーム）が提供された。現地の言葉で「ピア（遊郭）」という店に入ったことがある。一番下の階級は間口が狭く、薄いカーテンをくぐり、中に入ると洗面器が用意された（冬はお湯を入れていた）。畳一畳ぐらいの部屋があり、そこで「行為」を終えたのだ。日本人客は金払いがいいから喜ばれたという。日本では行ったこともなかったが不思議な体験だったと語る。

七三一部隊は外泊を許されないため、夕飯までに戻らなければならなかった。午後七時の点呼までには何があっても帰らなきゃならなかった。

来る日も来る日も勉強漬けの毎日で試験の繰り返し。ほとんどノイローゼになるくらいだった。何のために満州に来たのかと思うばかりだった。

それでも、印象に残る授業もあった。それは「衛生学」だった。授業が終わって何か質問があるかと先生がいうので、私は「消毒と滅菌はどう違うのですか」と聞いて褒められた。「消毒は一定の限られた細菌を殺すことであって、滅菌とはすべてを殺してしまうんだ」と教えられた。

衛生学は入学後半年くらいで基礎を学び、それから専門的な分野を学んだ。自分は衛生兵になりたいと思っていて、包帯の巻き方や三角巾の使い方、そして消毒液が何種類もあるということを学んだ。

内地に帰りたいと思うことがあったが、日本に帰れるのは親が死んだ場合のみで、その際は一ヵ月くらいの休暇をもらえると言われていた。しかしなかなかそういうことは起こらなかった。

柄沢班見習い技術員に

入隊から一年後の四月、初めて本部の施設に入ることができた。十五歳になっていた。試験を実施し、能力別に少年の配属が振り分けられた。成績が良ければそれに見合った班、結果が悪いと「動物飼育」専門班へ。成績はずばぬけていたわけではなく、真ん中辺りだった。だが、なぜか森下は柄沢班に配属された。少年たちは配属後、いかなる班に入っても、その班が研究している内容は絶対にしゃべってはいけないと警告された。

柄沢班で、森下はまず培養の基礎を作り、菌を植え付け、それを無菌室で掻き取る作業の担当になった。ガラス張りの無菌室に入る前はまず、シャワーを浴びる。作業着の上にゴムの前がけを羽織る。クレゾールの液体の中に長靴で入り、長靴の八分目ぐらいまで浸かる。それから手袋をして、霧吹きで消毒液をかけ、医者がかぶるような帽子、眼鏡をつけて、八枚のガーゼが重なったマスクをする。

入隊後一年目には、銃を与えられて驚いたが、いつからかそれは木銃に変えられた。きっと自分たちは南方かどこかに送られるんだろうと仲間うちでは話し合っていたが、柄沢班では軍事教練はなかった。

培養菌の作り方を習うだけでなく、実験もやらされた。飼育する小さな動物にペストならペスト菌、チフスならチフス菌を培養して、それを〈マルタ〉に打つ。その〈マルタ〉を隔離室に入れて、死ぬまで観察する。それが彼の仕事の一つであった。

リンゴなどの果物もあり、その中に細菌を入れたりもした。それを誤って食べた隊員もいたという。亡くなった場合は「戦病死」となる。またペスト菌で亡くなった人もいた。死者は骨にして内地（日本）に返された。

柄沢班はロ号棟一階部分をすべて使っていた。柄沢自身から直接教わることもあったという。

「柄沢は五十年配ぐらいの非常に厳しい人で、よく怒られた。とても背が高くちょっと変わっていて、短刀をちょろちょろと振り回すのです。とにかく厳しかった。敬礼をいい加減にしたら追っかけてきてぶっ叩かれた。部隊の上官にはいったん止まり、停止敬礼と言って立ち止まって敬礼しなければいけない。直属の将校ではない場合は歩きながらでいいのですが」

柄沢の下には軍属の医者が二十名ぐらい、隊員・少年隊員・軍属を含めると百七十名ぐらいいたという。だがなぜか兵隊はいなかった。本部から柄沢班に入るにはあらかじめ用意されたトロッコに乗る。施設に入ると左側には脱衣所があり、まずはシャワーを浴びる。それから施設内を直線に歩いて行くことになる。しばらくすると左手に大きな釜があり、中で寒天を沸かしていた。そこを通過すると、今度は冷却室がある。さらに薄暗い所に保温室というのもある。ここの部屋に入るには二重ドアを開けねばならず、ドアはとても厚い。カシャンと大きな音をたてて閉まる。それが十二、三室あって、温度調節しながら菌を培養した。

森下は朝七時からずっと任務についていなければならなかった。そんな彼が初めて〈マルタ〉を見たのは、トロッコが配置された場所から柄沢班の部屋に入ろうとした時である。そこに通じる扉があり、突然その扉が開かれた。重厚な鉄の扉の方をさりげなく見ると、解剖した後の死体をトロッコで運搬していた。誰かが、あれは何だろうといった。四人一組になってトロッコを押しているが、重いのか四人はフーフー言いながら押し出していた。それは七月の終わり頃だった。鉄の扉がハルビンの方向に向いているのだが、レール上のトロッコに担架が載せられ、焼却炉のそばにつけられた。すでに解剖後であることは明らかだった。布をかぶせた死体は、全く動かなかったからだ。

それまで〈マルタ〉という言葉を聞いてはいたものの、実際に見たのはこの時が初めてだった。柄沢班に配属されてからは、〈マルタ〉の意味はわかっていた。少年隊一年目の時、風向きによって、それまで経験したことのない悪臭がした。それが、柄沢班に配属されてから、〈マルタ〉の焼却時の臭いだとわかった。

それから一ヵ月半ぐらい後、一人の軍医から実験の支援を命じられた。そこでのことは一切しゃべるな、秘密にしておけと繰り返し言われた。この時は自分ともう一人が助手に入っていて、彼も少年隊員だった。しかもその時の解剖室は焼却炉のすぐそばだった。自分たちが入った白いタイル張りの解剖室には、まだ死体はなかった。

「少し待て」と隊員に言われ、命令があるまで動かずに待っていた。柄沢班で解剖をする時は、班の隊員が同行することになっている。それは、みんなが持ち回りでやることになっていた（専属というのはない）。解剖室はいくつもあり、何時から何時まではどの班と、班単位で利用できる時間が決められていた。

二十分ほど待ったところで軍医がやって来た。まず準備として、ペストを取りシャーレに移す。作業する自分たちは、やはり噂通りに人体実験をしているのだと認識した。

「自分たちもいよいよ試されるようになったな」ともう一人の相棒とつぶやいた。

これまでは小さな動物の解剖は任されていたが、いよいよ人体だと思うと、不安がよぎった。解剖医などは消毒したマスクをつけ、眼鏡もかけていた。自分たちもマスクや眼鏡をかけさせられた。

このときの役目は、後片付けだった。血にまみれた床を水で流し、消毒し、部屋を無菌状態にまで整える。それからそばに置いてある臓器をホルマリンやアルコールに漬ける。

解剖中は中に入らなかったが、遺体処理をするために入った時、人体そのものは残っていた。だが、解剖の詳細は書いていなかった。

死体はトロッコに乗せて焼却炉まで持っていった。焼却炉につくと、死体を炉に入れて焼く担当者が待っていた。その人に引き渡し、再び解剖室に戻り最後の掃除をした。

ホルマリンにつけた臓器の名前を「肝臓」「腎臓」などと時間をかけて書く。ホルマリンやアルコールの中に保存するまで、残された臓器は特殊なポンプで送り込まれた食塩水で洗う。それを血管に送り込むと、ざっーと血液が洗い流される。そうしておくとホルマリンに浸けたとき、血液が漏れ出さないのだ。

解剖室での任務が終わると柄沢班の資料が並べられた十五畳から二十畳ぐらいの大きな部屋で、その日の資料に解剖した日付と医者の名前を書く。

「この日、私が初めて解剖室に入った時は、対象者は男性の白系ロシア人だった。三十歳ぐらいでいい体格をしていた。手が太く、胸に毛が生えていた。そして非常にハンサムに見えた。身長は一メートル八〇センチは超えていたと思う」

彼は初めて〈マルタ〉の死体を前にしたのだ。

「それから二ヵ月後だったかな、少しずつ涼しくなってきた九月のある日、初めて解剖を手伝いました」

その時一緒だったのは、同郷大分から来た谷口という少年隊員であった。以後、彼らは時折、解剖の後始末をやらされた。

「この頃の思いは、いまも非常に強烈に残っています。それは、単純に少年ながらの疑問でした。人体解剖をするならなぜ、一体だけにしないのか。それなのに三人の軍医がそれぞれ三人の〈マルタ〉を解剖するんです。例えば柄沢班でペストの解剖をする。そしたら別の班でも同じようなことをする。なぜそんなことをするのか、一つの〈マルタ〉だけでいいじゃないか！　何人も使って同じような解剖をなぜしなければいけないんだ、と」

森下はたえず不快感に悩まされた。しかも解剖に入るたびに、上司から誰にも言うなと命令される。後片付けが終わると、特別室の食堂に連れて行かれ、好きなだけ羊羹を食べさせてもらえた。たくさん食べて、こっそり部屋に持って帰ったりもした。

しかし次第に、感覚が麻痺してくる。気づけば、いつの間にか慣れてしまった自分がいた。

「初めて解剖を見たときはショックというような軽いものではなく、相当気分が悪くなりました。大量の出血なんかを見たからです。以後一週間に多いときは二、三回手伝いました。そのつど同じ医者ではない。たまには柄沢少佐自身も解剖をした。また東京から知らない医師が来て、柄沢少佐立ち合いの下でやったこともありました。

柄沢班では自分が知る限り、解剖は死体解剖であり、つまり〈マルタ〉が死んでからの解剖でした。その前に〈マルタ〉をおとなしくさせるために、別の部屋に連れて行って菌を打つ。そして〈マルタ〉の息が途絶えるまで、自分は記録を取らなければならなかった。ペストの場合はリンパ腺の腫れ具合を見てすぐにわかりました。そして当然ながら彼らの身長、体重を測る。彼らはガラス張りの部屋の中に入れられていた。天井までガラス張りでした。自分たちは外から観察していました。部屋は壁もドアもガラス、広さは八畳から十畳ぐらい。部屋の外に机がある。ベッドが置いてある場合もあるし、布団のときもある。中の〈マルタ〉が何時間ぐらいで倒れるか、ずっと記録していました」

「ガラス部屋には研究する〈マルタ〉を一体だけ入れます。中に入れる前に体重などを測ります。それから隔離室というところに連れて行きました。なぜか自分は〈マルタ〉小屋を見ることはありませんでした。遠隔室から観察室に連れて行きます。しかも歩いてです。彼らは真っ裸でした。凶悪な態度をとる場合は鎖をはめたりしました。ある時の〈マルタ〉は背はあまり高くない小太りのロシア人でした。通訳もいました。歩け、歩けと言われ、彼は鎖をつけられたまま歩いていました。担当者が拳銃を持っているから彼らは何の抵抗もできませんでした。この時の担当者は軍属や隊員でした。感染のおそれがあるからと、自分たちは常に消毒していました。その時は（本書で後に証言者として登場する）小笠原という人間と一緒でした」

「この日の実験は、医者が静脈に菌を接種しました。しかし、どの菌だったかはわかりませんでした。〈マルタ〉は抵抗しませんでした。というのは、通訳を通してだましたんです。『君はおとなしいから早く出してあげよう。それには予防注射をしないといかん』と。それを聞いたロシア人の〈マルタ〉はそっと手を出したのです。なぜ疑わないのだろうと思いました。

自分たちが部屋を出た時に、その〈マルタ〉は辺りをきょろきょろ見回しました。ガラスの扉を閉めた後、ガラス張りの外で観察記録を彼ら（隊員）はノートに書きました」

〈マルタ〉が横になったのは接種されてから三、四時間後であった。まず顔色が悪くなった。それから座り込んだ。最後はひざまずいて頭を抱えた。横になって背伸びしてうつ伏せになったり、仰向けになったりした。そしていよいよ、最期の時が来た。

二人一組になった少年隊員たちは二、三時間ごとに観察を交代した。〈マルタ〉が息絶えるまでが彼らの任務であった。その〈マルタ〉が黄水のようなものを口から吐いた時点で、医者に連絡をした。

「そのまま観察を続けろ」と医者は言った。

〈マルタ〉はしばらくして、動かなくなった。そしてすぐに医者が入ってきた。

「この時、人間というのは注射一本でいとも簡単に死ねるんだな。自分はあんな苦しみはごめんだと思いました」

その瞬間命令が下り、死体をストレッチャーに乗せて解剖室に連れて行った。すでに解剖室では準備ができており、解剖の様子を森下は見てしまったという。

「軍属でも高等官でも、つまり自分の所属している上官に、このような解剖をしたいので〈マルタ〉を一本お願いします、と伝票を出してＯＫが出れば、解剖する資格のある人は自分の思う実験ができます。そしてその成果を報告します。私が最初に人体実験に立ち会った時の医師は、おそらく東京から来たのでしょう。四人いました。今でいうインターンですね。彼らの様子を解剖中も見ていました。解剖が終わると、自分たちは死体を焼却炉に持って行き、再び班に戻りさっきと（筆者註・解剖助手）同じようにするのです」

その〈マルタ〉はスパイ容疑で捕まったという。森下は日本軍なのになぜ漢字で書かず、〈マルタ〉とカタカナで書くのか不思議だった。ただ〈マルタ〉には番号があり、彼らの記録には「どこで逮捕された」など詳細が書いてあった。それは憲兵隊が保管していると隊員の技士が教えてくれた。

一度だけ中国人女性の解剖に立ち会ったことがある。この時は今まで以上に辛かった。

「その頃になると中国語が少し理解できたので、彼女にどこから来たのかと聞いたら上海と答えました。お子さんがいるのですかと聞くと、いいえ、私はまだ独身で、父と母がいる、と。なぜここへ来てなぜ逮捕されたのかわからないとさかんに言っていました。二十二、三歳くらいだったその女性は、隔離室では服を着ていました。囚人服ではなく中国服、連れて来られた時に着ていた服だと思います。彼女の手には鎖がかけられていました。手錠、ではなく幅の広い鉄製のもの。両手には三、四〇センチの間隔がありました。『マルタ小屋』では裸で過ごします。それを隔離室に連れて行く時には他の人の手前もあるから洋服を着せるのですね。その時の彼女は洋服に着替えさせられたので、てっきり釈放されるものと思っていました。彼女は本当に出してもらえるのかと私に聞いてきました。なぜなら、医師が来るまでに時間があったから。私は彼女に言いました。すぐに予防接種をして釈放するから、と。彼女は汽車に乗るからお金はどうなるんだろうと心配していました。釈放されると信じていたんでしょうね。彼女の顔は今でも思い出します。非常に教養のある女性だということは自分もよくわかっていました。上海から来た女性なので垢抜けてもいました」

「もう一つ印象に残っていたのは黒人でした。初めはアメリカ軍なのかわからなかったが、通訳は英語で喋っていました。彼は黒人と言っても真っ黒ではなく、薄黒く、背丈は大きかったですが、痩せていました。おそらく日本軍の捕虜だと思います。飛行士で撃墜されて日本で捕虜になり、満州に送られて来たそうです。彼の番号が十五番。あの当時三十歳ぐらいで、階級は少尉でした。通訳が私のところに連れてきて隔離室のところで引き渡されました。私は〈マルタ〉を消毒して部屋に入れました。他に五十歳ぐらいのベトナム系の人も担当した。

とにかく『マルタ小屋』から、〈マルタ〉が隔離室に次々に連れて来られる。それから観察室に行く。観察室の中から実験が始まり、そこで亡くなったら解剖室に連れて行き、解剖して最後に彼らを焼却する。体の各部はホルマリン漬けにする、そういう一連の流れでした」

〈マルタ〉実験に関わる凄惨な日々の中で、上官たちは彼らをキャンプに連れ出したりもしている。そこではまだ子ども心が抜けない彼らに楽しいひとときを与えることも考慮されていたのだろう、と森下は後年語っている。

森下と同じ大分から三十四人が入団していた。食事の時間は楽しかった。内地にいた時は芋とカボチャばかりだったが、ここではおかずは肉もあり、魚もあり、カレーライスとかトンカツといったおよそ今まで口にしたことがないものが食べられた。故郷大分から来る手紙はすべて検閲され、余分なところは消してあったが、元気かどうかというところだけは残してあった。

第二期生の証言より

【証言者1・二期生　匿名希望】

「教育部」の所属となった少年たちは、入隊式が終わると直ちに四班に分けられた。各班の班長は部隊の下士官であり、極めて厳しい姿勢で少年たちを統率していく。

「少年隊員」の朝は早く、六時に起床。起床ラッパを聞くや否や、彼らは先を競って飛び起きた。洗面の前に宿舎横にある練兵所に集合し、体操を開始。少しでも寝坊しようものならたちまち班長からビンタが飛ぶのだ。

班長の怒りは何よりも恐ろしかったという。三十分の体操の後、駆け足で少年隊宿舎へ戻り、洗面後、給食係が食事を六三棟の食堂に取りに行くのだ。

大きなアルミ容器に盛られた具たっぷりの味噌汁に白い飯。貧しい農村出身の少年隊員にとっては、目を見張るばかりのメニューだ。

朝食後は休憩時間が与えられ、午前七時から授業の開始である。

石井四郎の目的は、少年たちをゆくゆくは「中堅技術員」として育成することであった。そのため授業内容は極めて高レベルであり、少年たちは授業について行くのに必死であった。数学・語学（英語・北京語など）・化学・物理・地理・歴史・軍事学・生理学・細菌学など多岐にわたる猛烈な詰め込み授業を行った。やがて一年、二年と経験を積むにつれ、軍医たちが書きこむ記録にあるドイツ語で書かれた簡単な症状も理解するようになっていた。

また実習授業では、当初から高級品であるオリンパス製の顕微鏡を使用した。その時は六三棟二階にある実習室に入って、各自が個別に並べられた顕微鏡を覗き、細菌に関する基礎知識を学んだという。顕微鏡に必要なピペットまでが本格的なものであり、実習内容の質の高さは徹底していた。しかも、部隊には日本では見かけることのないような薬品の数々がドイツから送られていた。

このような厳しい日常にあっても、少年たちは使命感と知識欲に燃えていた。教室の空気は異常なほど張り詰めていたという。昭和十八（一九四三）年に入隊した二期生が残したもう一つの証言を以下に要約する。

【証言者2・二期生　匿名希望】

四月に入隊して六月の末に「部隊創立記念日」というのがあった。軍隊では「軍旗祭」というらしいが、軍旗がない七三一部隊は部隊が創立した日にお祭り的なことをやっていた。その日に合わせて掃除を命じられ、自分たち三人が本部にある「標本室」の担当となった。「標本室」に入る前、兵曹長がやって来た。

「今日これから入って見たことは一切他人にはしゃべってはいけない。班に帰ってからはもちろんのこと、外出して外部の者に会っても絶対に話してはいけないのだ」

一切しゃべるなとはどういうことかと戸惑った。しかし「標本室」の扉を開けたとたん「生首」の標本が自分たちを迎えた。しかもそれは日本人ではなく、見るからに「ロスケ（ロシア人）」の首。部隊では少年たちも、ロシア人を「ロスケ」と蔑んでいた。

色が白く、鼻が高く、金髪じゃなかったが、見たこともない髪の毛の色、そして大きな首だった。瞬間に胸がザワザワとしてまともに見ることができなかった。

急いで掃除を始めたが、その「生首」のそばには、破傷風で命を落とした人の標本もあった。しかも「人体標本」である。破傷風で亡くなると、人の体は背骨が弓のように曲がり反り返るのだ。またその横には「ガス壊疽」という病気の標本があった。その標本は太ももから下が切り落とされていた。自分たちは早く帰らなきゃいけないので、必死になって拭き掃除をした。

だが、奥の部屋に進めば進むほど、いろんな「標本」が並んでいるのだ。今度は消化器系の病気である赤痢、チフス、コレラによる解剖標本が並べてあった。肺や食道、胃、腎臓、肺臓、肝臓といったものが部分ごとに取り出されていた。

ようやく掃除を終え、三人が部屋を出るとすぐに、先ほどの曹長がやって来た。

「いいか！　ここで見たことは絶対にしゃべるな。しゃべったら軍法会議にかけるぞ」

と厳しく脅された。自分たちは入隊して二ヵ月足らず、軍法会議がなにかわかるはずもない。後の「陸軍刑法」の授業でそれがいわゆる軍事法廷のことだと知る。あの命令を破って他人に話していたら、軍法会議にかけられ銃殺されたのだと知り、震撼した。

昭和十九（一九四四）年四月、入隊から一年後に研究室の実習教育が始まった。

航空班に配属され、飛行機に乗れると喜んでいたが、実際はそうではなく、飛行場の近くにある「田中班」に配属された。この班は、表向き昆虫飼育となっていたが、実際は「ノミ」を使った「ペスト菌」による人体攻撃の研究をしていた。責任者は田中秀夫少佐である。彼は軍医ではなく兵技少佐だった。彼の部下に同姓の田中軍医大尉がいた。彼は京都大学の医学部と農学部で勉強したという。様々な分野の人間が田中班に配属されていた。

最初は小動物学を学ぶ名目でネズミを任された。ネズミがどういう習性を持っているのかつぶさに観察するのだ。それは餌を与えないと何日目ぐらいから共食いを始めるかという内容だった。飼育箱にネズミを十五匹から二十匹ぐらい入れる。「マウス」という白いネズミはおとなしく噛みつくことがまずない種類で、「ラッテ」と自分たちは呼んでいた。白ネズミの他に日本でいう野ネズミも飼っていた。白ネズミは共食いするのは遅かったが、野ネズミは餌を与えないと二日か三日で喧嘩した挙句、食い殺してしまうという習性を持っていることがわかった。共食いするときはどこを噛み、どのようにして死体を処理したかということを記録するのが、観察の目的だった。

次はネズミを使ってノミを繁殖させる作業に移った。ドブネズミやハツカネズミ、茶色のネズミ、それにマウスを使ってノミを育てることを学ばなければならなかったのだ。当時、このノミが何に使われるのか全く想像しなかったが、ある時、年上の隊員から「このノミは戦車一台に相当する力を持っているんだ」と聞かされ驚いた。

「だからこそ、一匹のノミも無駄に殺しにしちゃいかん、一匹でも多く増やすようにするのだ！」と厳しく言われた。だから自分たちの上に立つ上官たちはノミの生き死にに懸命になっているのだと初めて実感した。

（筆者註：当時、平房周辺の子どもたちが競争のようにネズミを捕獲し、関東軍から「お駄賃」をもらっていた事実も判明している。特に「平房」からそれほど距離がなかった宗教団体による「天理村開拓団」では、子どもたちが小学校教師の命令によってネズミの捕獲に躍起となったという証言が多々ある。石井家の三男がネズミ飼育およびノミの大量生産に関わる責任者であった。）

ある日のこと、自分は田中軍医の部屋を掃除するよう命じられた。部屋に入ると彼の机の上には「病歴表」というカルテがあった。さりげなくカルテを覗いたら、人体図が描かれてあり、そこにはどこにペストノミがつくのか詳しく書かれていた。しかもその病歴表には名前を書く欄があった。

最初に見たのは「孫」という字だった。カードをめくるとその多くは中国名だった。カルテはドイツ語・日本語で書かれていた。田中班に来る前の基礎教育では、ドイツ語を勉強していたので、そこに書いてある単語ぐらいは理解できた。ペストノミが人体に付着し、皮膚が赤くなって二日ぐらいでリンパ症状を起こした、といったような内容が書かれていた。そしてペスト菌に攻撃をされると、いわゆる〈マルタ〉と呼ばれた人たちは、だいたい三、四日目にはほとんど息絶えたと記録されていた。長くても一週間は生きていなかった。そういう実験が頻繁に行われていることを知り、疑念が一つずつ解けていった。

（二年目になって配属された田中班での）少年隊の九名は休みなく、まさに「月月、火、水、木、金金」といった軍隊の毎日を強いられていた。田中班の焼却炉からは絶えず煙が出ていた。つまりこのペスト実験によって犠牲になった人たちの遺体をどんどん焼いていたのだと知り、愕然とした。

自分たちの一期先輩の数名が岡本班にいた。そこは、病理解剖専門班であった。岡本班のそばには石川班（石川太刀雄丸：石井四郎と同じ京都帝大卒であり病理学の医学博士。戦後金沢医大の医学部長になった）の研究室もあった。先輩はそこでどのように解剖しているのか知りたくなり、窓越しにこっそり覗いた。

内容に関わる会話・行動は御法度のはずなのに先輩たちは素知らぬふりをした。七三一の岡本班や石川班でも、病理解剖に必要な肝臓や膝、臓器といったものだけを取り、残りは全部死体焼却場に持って行って焼いていた、と戦後再会した先輩の一人がいう。

「自分たちは直接、〈マルタ〉を解剖するという残忍な場面に出くわすことはなかったが、〈マルタ〉と呼ばれた人たちの血は、いつも目の当たりにしていた。毎日二〇〇〇ccから三〇〇〇ccという血を受け取りに行って、それをノミに吸わせるとどのように育つのかという観察をさせられた。馬の血を使ったこともあった。そして、二木班という細菌の研究室にもよく行った。ここではBCGという結核のワクチンを作る研究をしていた。鶏卵培地を主体にしてどんどん結核菌を増やす研究もしていた。なぜか二木班の窓から七棟や八棟を覗くことができた。私は少年隊員なのに、一般隊員より七三一部隊の実態を知っていたつもりだ」

数ある少年隊員の中には〈マルタ〉の存在を認識する者もいた。だが、それを口にすることは御法度であった。

梅毒研究の見習いとして

少年隊員たちは語学、物理、化学、生理学にわたる基礎教育を受けていたが、二年目に入ると梅毒の判定実習も受けるようになっていく。つまり、性病も七三一部隊の必修基礎知識だったということになる。十二人の七三一部隊関係者が被告となって裁かれたハバロフスク軍事裁判では、梅毒の予防手段を研究するため、女性たちが梅毒に感染させられていた、と「特別班」の実験隊員が証言した記録が残っている。

さらに、中国側の日本帝国主義資料として保存されたものの中に二木秀雄率いる「二木《ふたき》班」についての記録がある。そこでは性病の研究をやっていたということが明記されている。伊藤軍曹が、一人の〈マルタ〉を解剖し、肝臓を取り出し、それを婦人病を治す薬として密かに販売していた。さらに中隊長、軍曹や伍長の三人が、梅毒を治療するためと〈マルタ〉の頭を割り、脳を取り出したなどの恐るべき記録が残されている。

「女性の脳みそというのは梅毒に非常に効くという噂があり、中国人の女性を見ればレイプし、殺害。そしてその後頭を割って脳みそを取り出したという噂までとびかっていた」（戦争犠牲者を心に刻む会編『七三一部隊』八九頁、東方出版）という中国側の記録が残っている。

七三一部隊に収容されていた女性たちが梅毒の生体実験に使われていたということは、ハバロフスク軍事裁判の証言と中国の記録で明らかになった。これまで七三一部隊でのペスト・コレラ・赤痢などの細菌研究については多くの事実が明るみになっているが、梅毒スピロヘータについてはあまり注目されてこなかった。これは女性の問題としても、大いに取り上げていかなければならないと思う。

そして一人の隊員が、二木班では女性たちに梅毒の研究をしていたことは確かであり、自分もそれに加わっていたと証言している。

「注射器で梅毒を植え付けたという話があるが、私はそれに対して疑問を持っていた。梅毒というのは直接感染なわけだ。だから、非人間的・非人道的手段であらゆる実験を行っていた七三一（部隊）で注射という間接的な感染方法で満足できるはずもないという疑問を持っていた」

彼は航空部隊員で、石井の運転手を務め、〈マルタ〉と呼ばれた人々を運んでいた。

ちなみに石井の運転手には『日の丸は紅い泪に――第七三一部隊員告白記』を書いた越定男がいる。越はこの航空隊員の前に運転手をしていた。

この航空隊員曰く、自分は〈マルタ〉同士の性交に立ち会ったことがある。〈マルタ〉と呼ばれていた中国人の男女を実験室に連れて行き、四、五人の隊員が取り囲んで見守る中、その男女に無理やり性行為をさせたというのだ。

つまりその時の性交の目的は梅毒の感染であった。梅毒の直接感染の実験が七三一部隊では行われていて、感染からの経緯が克明に観察されていたのである。

また、ハバロフスクの公判記録は、妊娠していたロシア人女性が七三一部隊に連れて来られ、監獄で出産したという証言が残されている。

ここで注目されるのは、生まれた子どもに梅毒が遺伝しているかどうか、経過観察が行われていたということ。幼い子どもたちまでをも犠牲にする研究に驚愕する。

また吉村班では、生後三ヵ月の子どもに凍傷の実験をしたという証言がある。その乳児は〈マルタ〉に生まれた唯一の子どもだったと言われているが、それは事実ではない。

「七三一の中で必要だった子どもの人体実験材料として、彼は強制性行為の結果生まれた子どもを使ったのではないか」

後年、石井四郎の航空隊員の運転係はそう振り返っている。

ほかにも七三一の部隊員が〈マルタ〉に対して行ったあまりにも酷い光景を目にしたある部隊員の記述が残っている。

「とある隊員が、獄中で出産した中国人女性の子どもは実は俺の子だ、つまり自分が強姦した結果、生まれた子どもだ、と言っていた。別の隊員は、ペスト感染にして今にも亡くなりそうな人、亡くなる寸前のまだ臓器が動いているうちに生きたまま解剖をしようとした。その時は一つの鍵で、すべての独房を開くことができた。そこへ連れて行かれた私の友人は、一つの監獄の中に入り、その中にいた女性を強姦した。それを見ていた他の友人は矢も盾もたまらず、別室のドアを（鍵）で開け、中に飛び込んだ。そこには痩せ細った中国人の女性がぐったりと座っていたが、彼は彼女に襲いかかった。必死に抵抗する彼女の手はほとんど骨が黒く見えていて指はない。彼は、ああ、凍傷実験に使っているのかと思い、それでもいいやと思ったそうだ。それを見た彼は、だるまなら抵抗されることなく、おあつらえむきだ、と思った。だが、レイプしようとした瞬間、女性の性器は糜爛《びらん》状態で膿《うみ》が出ていた……」

七三一部隊における性病の研究に関する公表は数少ない。だからこそ、この証言は極めて貴重である。しかも、少年たちがその実験に関わっていたという事実に筆者は慄くのだ。

飛行機に乗りたい一心で

ここで第二期生の小笠原明の平成五（一九九三）年十一月二十三日の証言の内容を紹介する。小笠原は当時六十五歳である。

【証言者3・二期生　小笠原明】

当時、自分たちは中国人のことを「シナ人」あるいは「チャンコロ」、ロシア人には「ロスケ」といったような言葉を平然と使って呼んでいた。兄が中国で戦死しており、中国人が憎かった。

学校の先生から、兄さんが「チャンコロ」に殺されたんだから仇を討て、とまで言われたという。まだ小学生のうちから「サイタ　サイタサクラガサイタ。ススメ　ススメ　ヘイタイ　ススメ」といった軍国主義教育を受けていた。

昭和十六（一九四二）年十二月八日、いわゆる真珠湾攻撃で始まったアメリカとの戦争。その頃には、戦争に行って一人でも多くの人間を殺せば、自分の手柄になる。それは名誉なことなんだという風に考えるようになった。

高等小学校に進むと、陸軍少年航空学校を受験した。運良く合格して喜んでいたところに、なぜか「採用取消」の通知が届く。不審に思い、受験を勧めた教師のところに行くと、「いや、これは完全な取り消しではない。待っておればいい」となぐさめられ、言われるままに待っていた。

二週間ほどすると、父親の勤務先に連絡が入り、直ちに小倉の憲兵隊に来るようにと言われる。小笠原の家は福岡県田川市。炭鉱で栄えた町で、小笠原は三井炭鉱の社宅にいた。父親は小倉の憲兵隊から呼び出しが来ているから、早く支度して出かけろ、と小笠原のいる自宅に駆けこんで来た。

小笠原は急いで身支度をして家を飛び出した。小倉の駅に着いた時には、憲兵隊がいて、彼を出迎えた。次に、下関からやってきた憲兵隊に引き渡され、下関に入った。方々からの到着者を待つので、数時間自由に過ごせと言われた。午後三時に集合。そこには、自分たちと同年代の少年たちが多く集まっていた。

百四銀行の会議室で、再び面接を受けることになった。「飛行機に乗りたい者は手を挙げよ」と言われ、彼をはじめ、ほとんど全員が手を挙げた。そして上官と思しき一人が言った。

「これより君たちは関東軍に入隊する。家が近い者は両親と別れをして来い。集合時間は午後七時だ」

こんなに短い時間では、とても実家を往復し、集合時間に間に合うことはできない。それに関東軍と言われても、どのような部隊であるのか全くわからない。きっと地理の授業で習った関東地方にある軍隊航空学校だろう、とそんな程度にしか考えていなかったという。

その日の夜、少年たちは軍の輸送船に詰めこまれる。目覚めると、とある港に着いていた。下船すると、そこには朝鮮の民族衣装を着た女性たちがいた。

「以前、兄が戦死した時に靖国神社に行った時と印象が全く違うな」

「関東軍」は東京にあると思い込んでいた小笠原をはじめ多くの少年たちは、乗船したときにもまさか外地に向かっているなどとは想像もしていなかった。面食らう少年たちの一人が「ここはどこですか」と尋ねた。

「朝鮮の釜山という町だ」そう聞いた時は、びっくりした。

「ここから汽車に乗って満州へ行く」と言われ、また驚いた。

汽車は現在の北朝鮮を抜けて満州に入っていった。その途中、当時朝鮮総督府のあった京城に着いた。ここで二時間ほどの自由行動が許された。福岡出身の何人かの少年たちと散策しようとしたが、ホームのあちこちをうろつく程度だった。朝鮮と知ったからにはようやく外地にいる気分になった、と小笠原には当時の光景が今も印象深く残っている。

気がかりなのは、関東軍がどういうものであり、自分たちがどこに行かされるのか。仲間と話しても、全くわからなかった。再び汽車に戻り、出発した。

北に向かう汽車の中、小笠原は不思議な場面を目にした。京城から乗り込んできた朝鮮の女性たちで、かなりの数だった。やがて彼女たちから大声が聞こえてきた。

「同じ日本軍のために働きに行く私たちを、とうしてからかうのか」

その女性は片言の日本語を話すが、どうしてというところを「とうして」と発音したり、「バカにしたらいかん、バカにするな」と言われたが、はっきりと発音に違いがあり、少年たちは意味もわからず、ただただ大笑いした。

するとますます彼女たちの怒りはエスカレートした。

その時、自分たちを引率する軍曹が近づいてきた。だが、自分たちにその意味はわからない。後に、それがどういうことを意味するのかがわかる。小学校の近くに遊郭といわれるジョロー屋がたくさんあり、小笠原はジョローと呼ばれた女性の存在を子どもながらに知っていた。日本軍のために行くと言ったけど、ああいうこと（筆者註：日本兵のための慰安婦）が必要なんだな、と子ども心にも思った記憶がある。

やがて列車はハルビンに着いた。

ここで、彼ら（第二期生）少年隊員たちは「関東軍」についておぼろげながら把握していくようになる。そこには関東軍司令軍があり、彼らはここで、再度の面接試験にのぞむことになる。その内容は、盛岡での面接で聞かれたように、「どうしても飛行機に乗りたいのか」と聞かれ、「それほどではない」と答えざるを得ない者もいた。それだけ相手は威圧的であったといえよう。

「飛行機に乗せてもらえるんだったら、飛行機に関する仕事だったらどんなことでもいいです」

それを聞いた試験官はすかさず、それじゃハルビン（平房）へ行けと言った（筆者註：当時、第七三一関係者は平房本部のことをハルビン本部と称する者もいた）。

ハルビンの駅のホームには伊藤博文公の胸像があり、少年たちはそこで頭《こうべ》を垂れた。

「この人が授業で習った朝鮮人の安重根《アンジュングン》のピストルによって暗殺された人か」

心の中で呟いた。少年たちは、ハルビン駅から遠くない七三一部隊の市内の連絡所に向かって歩いた。連絡所は吉林街にあった。

すぐに平房本部へと向かうはずだったが、バスの接続が悪く、ハルビンでほぼ一日待機することになった。何人かで街に出ようということになった。だが何しろ全く土地のことがわからない。たまたま菓子屋を見つけた。だが、言葉が通じず、菓子を買うことができなかった。

そして翌日、トラックに乗せられ向かった本部というのが、関東軍防疫給水部七三一部隊である。

近づくにつれ、大きな煙突からもうもうと真っ黒い煙が見えた。本当に夢を見るような気持ちだった。こんな大草原の真ん中に、大きな工場が建っていること自体に圧倒された。

ふと、視界に飛行場が飛び込んできた。ここまで引率してきた隊員が「あそこを見ろ」と指差した。そこには飛行機がずらっと待機していたのだ。一番大きな飛行機は「呑龍《ドンリュウ》」。最も大きな重爆撃機だった。「呑龍」の前では他の戦闘機がおもちゃのように見えた。たくさんの飛行機を目前にして、ここへ来て本当によかったと思った。なぜなら自分は飛行機に乗れると確信したからである。

第四期生たちの回想──岩手において

この章の最後に、平成五（一九九三）年七月から六（一九九四）年十二月まで、一年半にわたって日本全国六十一ヵ所で開催された「七三一部隊展示会」。その岩手会場で、一九九四年九月に開催された第四期生三名によるパネルディスカッションを紹介する。

それぞれの立ち位置で話しているので、時折矛盾はある。だが、秘密厳守を言い渡された彼らが、当時の行動について戦後五十年目にして証言をしてくれた意義は大きい。彼らはあらためて残忍な過去を振り返り、半世紀におよぶ中で、理不尽にも沈黙を強いられて生きざるを得なかった。自らの鬱積した人生を晒しても、戦争の惨さをあらためて社会に知らしめた態度は尊い。

彼らは匿名を希望した。ここではY氏・T氏・K氏として紹介する。

彼らは、昭和二十（一九四五）年四月に満州に渡り、部隊の活動の内容も知らないまま終戦を迎えている（筆者註：T氏は撤退時、〈マルタ〉の遺体処理に従事。部隊のことは一切喋るな、互いに連絡を取るな、との強い指示に従って沈黙を守ってきたが、七三一部隊の展示会などの動きもあり、同期会結成の努力を行った。それを新聞記事で知ったK氏が「房友会」の勧誘に来た。「房友会」とはK氏が戦後しばらく経ってから、他の七三一部隊員と編成したグループだ。元部隊員の中には、中国を訪れて生き残った人々に謝罪をしたいと考えている人々もいる）。

K氏　我々は少年隊として特殊な環境にいたわけだから会をつくろうではないかと、名簿を集めて昭和三十三（一九五八）年八月、精魂会（筆者註：七三一部隊の幹部を中心にした戦友会）の慰霊祭と一緒に房友会の結成大会を開きました。その時は石井、北野両先生といった幹部連中も集まりました。房友会はずっと続き、機関紙も一〇〇号まで発行しました。

T氏　同じ小学校の六年ぐらい年上の先輩が霞ヶ浦の少年兵でした。
　学校に赤トンボ（練習機）で飛んで来て校庭に通信の筒を落とすんです。筒の中の紙には「後輩よ、来たれ。我らに続け」と書いてありました。それで少年兵に憧れたんです。陸軍と海軍の少年兵を志願して両方受かったんです。それで私は小笠原（明）さんが言っていたように、七三一に来たら（飛行機に）乗せるからって。私は飛行機が好きなものだから、それで陸軍から学校に割り当てが来て、応募したのです。

質問者　T氏も航空隊志願だったんですか。

T氏　そうです。それで七三一に行かないかということで行ったわけです。満蒙開拓義勇軍というのは、内地で三ヵ月教育を受けて中国へ渡った。十五歳から十六歳で渡るんですよ。その当時私は十四、いや十五歳でした。町で最年少で中国へ渡るということで、千人ぐらいいた全校生徒に、駅のホームまで送ってもらったんです。

質問者　ハルビンへ行くということですか。

T氏　そうですよ。青森から上野までの夜行列車で、青森の連中と一ノ関で合流して新潟まで行ったんです。新潟に行って日本海にアメリカの潜水艦が入ってきたというので船が出られなくなった。そこで一週間くらい宿屋にいたんです。なにせ十四、十五歳で若いから、里心がついて、もう行くのは嫌だと泣くのがいる。それで向こうから来た教官に「泣くな」と軍刀で殴られた。新潟からハルビンへ着くともう勉強、勉強でね。内地では勤労奉仕で勉強なんかしていなかったから、中国語、英語、国語、算数。零点のものは朝礼の時、壇に上がって「岩手県何々小学校を卒業しました」って言わされた。私の町の学校ではローマ字の一つも教えられなかったんですよ。それなのにいきなり英語を教えられて、勉強させられて困りました。部隊の創立記念日とかでお祝いがあった。講堂に集まってお餅のようなものをご馳走になった覚えがあります。それは昭和二十年六月頃でした。

K氏　今あなたが言った昭和二十年六月というのは、まさに七三一をどうするかという瀬戸際だった。七三一は対ソ連戦について研究していたわけですよね。ソ連は日本と不可侵条約を結んでいたが、いつソ連が戦争を仕掛けるかということが問題になった。うちの部隊は戦闘部隊じゃないから逃げなくてはならないのだが、一番問題なのは証拠を隠すことなんだ。部長室には昭和二十年五月から毎晩、電灯が煌々とついていた。そこで何かあるんだなと思っていた。だが、下っ端だからわからない。戦後になって何があったんだと聞くと、将校会議を開いて大変だったと言われた。戦争を仕掛けてくるか、それはいつかと討論をやる。石井隊長は、位の下の方から何々少尉はどういうふうに思うか、やるかやらんかと聞く。彼は答える。ソ連は攻めてくると。収穫が終わった頃に、という具合です。孫呉（北満州、現在は中華人民共和国黒竜江省黒河市に位置する）の支部長だった教育部長の西中佐は、こちらの情報によると攻めてこない、という意見だった。じゃあ西中佐、孫呉へ行って調べてこい、と石井隊長はいった。だがしかし、彼は孫呉に行ったまま戻ってこない。ソ連兵に逮捕され、ハバロフクスクへ連行され、重労働二十五年だ。ソ連が（八月）九日に参戦した時、家族をどうするか議論があった。この時、石井部隊長が「家族も自決させろ」と。すると菊池少尉は、「隊長、それはないだろう。家族は帰すべきだ。我々は軍人だからいつ死んでも構わないが、家族を殺すことはない」といって帰国させることにした。

質問者　あなた方は青酸カリをもらわれていましたね。

Ｔ氏　はい、もらいました。

Ｋ氏　平房にあった診療部が自分で始末できない奴は死になさい。歩ける人たちは早く帰りなさいと。

Ｙ氏　私はその時、官舎回りをさせられた。家族が引き上げた後にね。だからＴ君の話はわからない。Ｔ君と話をするようになったのは三年前です。

質問者　官舎回りと言ったら「東郷村」のことですか。

Ｋ氏　はい、そうです。

Ｙ氏　満（州）人が泥棒や略奪に来るので見回りをしました。

質問者　Ｔ氏は死体処理でしたね。

Ｔ氏　そうです。

Ｋ氏　井上班長が引率して六号棟に入ったのでしょう。

Ｔ氏　はい、最初は死体を焼却したんです。焼いた骨は、食べた家畜の骨の捨て場所にトラックで持って行って捨てたそうです。

質問者　井上班長が四期生を指揮したのですね？　ガスで殺されて死体は外に出ていたんですか。

Y氏　私たちが行った時は、死体が（外に）出てね。もう穴は掘られていましたから。私たちは焼くだけの方に回されていました。

質問者　油をまいたんですか？

Y氏　おそらくガソリンか灯油をかけ、どんどん（死体を）持ってきて重ねる……。

K氏　房友会でも新しい動きがある。歴史の事実を後世に残そうじゃないか、という。常石（敬一）さん（筆者註：七三一部隊を長年研究。二〇二三年四月逝去）とか日本の戦争責任資料センターとか、学者たちが、共同で研究しようと。学者が判断するにも資料がいる。私たちは資料を提供できますよね。

質問者　あなた方は隊長に、秘密は墓場まで持っていけと訓示を受けたんでしょう。

T氏　はい、だが私はもう秘密を守る義務は解除されていると思う。

Y氏　帰国後、仙台から軍服を着た兵隊が家を訪ねてきて、千円渡された。三百円とか五百円という人もいるが、自分のところには千円を持ってきました。言わば口止め料ですね。

T氏　引き上げの時は武装していた。だから釜山まで来れたが、朝鮮人に襲われるんですよ。

質問者　遺体処理をしてから引き上げるまでの時間はどのくらいですか。

T氏　（筆者註：質問内容はスキップした？）独房を破壊するために、壁にタガネで親指ぐらいの穴を開けてダイナマイトを入れ、爆破しようとしたけれども失敗しました。頑丈に造ってあるものだから、ダイナマイトごときでは壊れなかった。ガラスなんかもすごく丈夫で、それで蒋介石のいる重慶に行って、爆撃して戻ってくるぐらいのすごい威力を持った「呑龍《ドンリュウ》」という爆撃機の魚雷を使ったのです。

質問者　実験材料として、犬や猫を殺す感覚でやったのですか。人間としてやったのですか。そこの感覚がわかりません。

Y氏　やらねば、（こちらが）やられるのです。青酸カリを渡されたが、あの時は十四歳の子どもでも、ソ連兵に捕まっていたら飲んだかもしれない。それが教育ですね（筆者註：Y氏は、「終戦」は引き上げの貨物車の中で聞いたという）。

Y氏　部隊から逃避する際、列車に味噌や米を積み込んで、夜昼なく飛ばしてきた。終戦を知った機関車の運転手が逃げると、その辺りに泊まっている満州人や朝鮮族に拳銃を突きつけて、運転手を連れてくるんです。

以下、三人に共通する会話を紹介してこの章を終える。

七三一部隊にいた時には、月曜日と金曜日、部隊の大きな煙突から煙が上がっているのを見て、畑で自給自足の作物を作っていた班長が「今日も焼いているな」という。

「何を、ですか」と聞くと〈マルタ〉だという。木を植えていないはずの施設になぜ「丸太」なんだといぶかしげに思っていると、「スパイを処刑した」という。

Y氏によると、四期生は七月の終わり頃、教育が終わった後に各部隊に配属される予定だった。それまでは教室または畑仕事だけだった。その間には各部隊を見学させられている。

その時、人が解剖されてガラス箱に入っていて陳列されているのを、初めて見たという。全身体が一つ、首だけとか部分的なものが置いてあるのを見た。

この対談には、中国側から一人の関係者が同席していた。ここまで内情を告発した自分たちだが、彼に対して、「我々は実名を出すべきか」と問いかけた。

「焦って解決する問題ではない。周囲の人が変わってきた時に自然に出てくればいいことです。歴史の事実を話してくれることが大事ですから」

それが中国側の姿勢であった。

ここまで、かつての少年隊員の証言を紹介してきた。そのすべてが、おぞましい記憶である。「元七三一部隊の少年隊員」であったことを自ら表明するに至るまでの、気が遠くなるような歳月に心を寄せる時、彼らは晩節にあって、いかに心ない人々からの「誹謗中傷」に傷ついてきたことかと想像するのはたやすいことだ。だが、証言者当人が生存する限り「指弾の目」と戦っていかなければならない。

筆者のところにもそのような「声」は届いている。それらに共通するのは、「証言は曖昧である」とか「他者からの伝聞でしかない」という極めて無責任な批評である。だが、ここであえて言っておきたいことがある。たとえそこに記憶の曖昧さ、そして矛盾が生じたとしても、それを否定するだけの証拠はどこにも存在しないのだ。

敗戦後無事帰還してなお、苦しみを抱えながら自らの体験を語れない、何百人もの元少年たち・少年隊員の存在があったこと。そして、今なお沈黙を守りながら生き抜こうとしている人々がいることを、私たちは忘れてはならない。同時に敗戦から八十年近くを経て、ようやく声を上げた人たちに対し、誹謗することや、語りたくとも語れない生存者たちを追及することなど、決してあってはならない。

さらに言えば、勇気を振りしぼり語った人々を「信ぴょう性がない」などと糾弾できる者は誰一人いないのだ。少年隊員たちの多角的な視点によって炙り出されていく証言に、「体験」すらしてもいない人々が誹謗できるはずもない。

十四歳の少年たちが、七三一部隊においてどのような目的のために、なにゆえに関わらざるを得なかったのか。彼らがどのように苦悶の日々を過ごさざるを得なかったのか。たとえ一端であったにせよ、事実を語ってくれた勇気に、私たちは心からの敬意を表さずして、また先の戦争の犠牲者になった三百万人以上の同胞、もっと言えば、中国の人々の「犠牲」に対し、赦しを乞わずして何とするものか、と日本の人々に強く問いかけたい。

〔731部隊第一期生の敗戦までの動き〕

別部隊名：加茂部隊・石井部隊・防疫給水部・東郷部隊など

昭和17年	4月1日	満洲国ハルビン第七三一部隊入隊
	4月15日	教育部少年隊　所属
		教育部長　陸軍軍医園田中佐
		少年隊長　陸軍軍医田部井少佐
		内務班4個班編成
昭和18年	4月1日	2年次に進級。第2期生入隊
	5月1日	防疫給水学の教育開始。
		教官：伊藤軍医大尉　秦衛生准尉
		部隊本部への各部門へ配属が決まる
	7月	松花江太陽島へ。1週間の野営訓練
昭和19年	4月1日	第3年次に進級。第3期生入隊
昭和20年	4月1日	少年隊見習い技術員養成教育終了。関東軍軍属雇員となる。第4期生入隊
	7月から	通化へと移動（疎開）準備
		ロ号作戦・セ号作戦のため軍備品発送準備
	8月9日	ソ連、日本政府に宣戦布告。ただちに満州へと侵入
	8月13日	撤去作業本格開始のなか、一部を残し夜半平房を出発隊長石井四郎、それぞれの場所で大演説を行う
	8月15日	撤少年隊員　停車中の徳恵駅にて終戦命令を聞く
	8月18日	蘇家屯駅にて大屋班長以下、17名下車
		鉄レイ駅にて第四期生宇佐美雇員以下数名下車
	8月21日	朝鮮・釜山到着　列車より荷揚げ作業開始
	8月24日	釜山港から祖国日本へ向けて出発
		山口県萩・仙崎港、福岡県門司・博多港へ
		それぞれ上陸、部隊解散後復員を開始

第４章　細菌戦――地図から消された島

昭和四（一九二九）年五月、瀬戸内海に浮かぶ小さな島「大久野島」に東京第二陸軍造兵忠海製造所が開設された。毒ガス製造の始まりである。そこでは、当時五千人近くが従事し、その中には七三一部隊の「少年隊」と同様の名目で、高等小学校を卒業した十四歳の少年たちが製造に駆り出されていた。この島は当時の地図には記載されていない。いうまでもなく、軍事機密を保護するために日本地図から抹消されたのである。この島で製造された毒ガスは、中国戦線のために搬送され、昭和十二（一九三七）年から終戦に至るまで、中国において膨大な犠牲者を出している。さらには、当時この島で製造に従事した人々からも死者が続出。今日まで後遺症に苦しむ被害者は、「救済」を求めて政府に訴えるが、「ガス障害者」として認知するものの、「毒ガス障害者」としての位置付けは認めない。

細菌研究の始まり

第一次世界大戦でのドイツ・フランスから始まる「細菌」戦。「細菌兵器」は、以後国際法で禁じられてきた。一九二五年締結のジュネーブ協定である。ここでは、戦場における毒ガス・生物兵器の使用が禁止されている。正式名称は「窒息性ガス、毒性ガスまたはこれらに類するガスおよび細菌学的手段の戦争における使用の禁止に関する議定書」である。

一九一四年七月、第一次世界大戦が始まった。

開戦当時、参戦国はそれぞれ短期決戦になると思っていたが、その実、長期戦となってしまった。終結の一九一八年十一月までなんと四年間も続いたのである（この間ロシアでは一九一七年に革命が成功を収める）。開戦からほぼ一年が経過しても、終戦の見通しは全く持てなかった。こう着状態の戦局を打開するかのように「毒ガス」兵器が登場したのだ。

一九一五年四月二十二日、ドイツ軍がベルギー西部イーペルの草原で塩素ガスを使ったのが、世界最初の「毒ガス」戦とされる。

しかし小規模だったが、最初に「毒ガス」を手がけたのはフランスである。一九一四年秋、フランスは「臭化酢酸エステル」を使っていた。これは戦争以前からフランスの警察が催涙ガスとして使用していたものだった。フランス軍はこれを一九立方センチ詰めた二六ミリ溜弾を三千個戦場へと運び、使用したというが、効果はあまりあげられなかった。

ドイツもすぐにフランスへの対抗策として「毒ガス」開発に取り掛かっていく。その中心人物が物理学者ヴァルター・ヘルマン・ネルンスト（Walther Hermann Nernst 一八六四～一九四一年）であった。彼は当時ベルギー大学の教授であり、一九二〇年にはノーベル化学賞を受賞。第一次世界大戦では、陸軍隊員として参加していた。

ドイツ軍は一九一五年四月二十二日、「新兵器」として大量殺傷が可能な毒ガスを使用した。一日で連合軍側に五千人の死者が出たといわれる。

その時、イギリス軍兵士の中で一人の化学者が助け出されている。彼はこの毒ガス兵器は「塩素ガス」によるものだと気づき、急ぎイギリス本国に知らせている。その結果、イギリスは塩素を中和させるハイポ（次亜塩素酸）を含んだ脱脂綿で「防毒マスク」を作り、戦線に配布した。以後マスクのおかげで「毒ガス」の被害が拡大することはなかった。

しかしフランス軍も黙っていない。先述したように、そもそもドイツ軍に毒ガスを仕掛けたのは連合国側のフランス軍だったからだ。


フランス軍は一九一六年二月、ヴェルダンの攻防戦で塩素よりも毒性の強い「ホスゲン」を、砲弾に詰めて報復した。その「毒ガス」は塹壕の奥深くまで侵入し、ドイツ兵は次々と呼吸困難になって窒息し、命を落としていった。

そして両国の毒ガス開発はエスカレートの一途をたどる。ドイツ軍はマスタードガスを使用した毒ガスを開発し、大いに戦果をあげた。その毒ガスを「イペリット」と名づけた。こうして開発・改変された毒ガス・化学兵器は、第一次世界大戦において広く使用され、その種類は三十種類に上ったといわれる。


こうした新兵器の台頭により、これまでの戦争体系に大変化が起き、戦死者・戦傷者の数が膨大になっていった。一九六九年に国連によって出された報告書によると、第一次世界大戦で化学兵器による市民を含む負傷者は、最終的には少なくとも百三十万人、死者は十万人にのぼるとされている。また助かった兵士たちの後遺症も残酷なものであった。そもそもハーグ万国平和会議（一八九九・一九〇七）の席上において、催涙弾などの「毒ガス」の使用は禁止されていた。ところが法的な拘束力がなかったことから、西洋列強は化学兵器を大いに使用した。結果、敵も味方も悲惨な被害状況となったことから、第一次世界大戦終結後、化学兵器の使用は大いに問題視されることとなった。

そして一九二五年「ジュネーブ議定書」において、明確に毒ガス・細菌など化学兵器の使用が禁止されたのである。しかしヨーロッパの主要国が署名、批准する中にあって、アメリカと日本は署名はしたものの、批准しなかった。化学兵器の生産と保有は継続、使用禁止について国家的義務は負わないとする立ち位置で、研究・開発を続けたのである（一九七〇年に批准）。

陸軍軍医・小泉親彦

実は日本軍もすでに「毒ガス」の研究を着々と進めていた。推進したのは陸軍軍医の小泉親彦（一八八四〜一九四五）である。明治四十一（一九〇八）年、現在の東京大学医学部を卒業した彼は、自ら志願して「軍医」となった。入隊後の半年間を見習医官として過ごし、明治四十二（一九〇九）年六月、陸軍二等軍医を経て、大正三（一九一四）年には軍医学校教官に就任。就任前は、東京砲兵工廠での研究を命じられている。そこでは銃や火薬など、まさに兵器の製造を担当していた。陸軍に属してはいたが、その実、諸経費にかかわる予算などは特別費として扱われていた。

明治三十六年に創設された陸軍火薬研究所が、大正八（一九一九）年四月、第一次世界大戦の終結を前に陸軍科学研究所として生まれ変わっていった。正真正銘、日本陸軍における兵器製造研究の中心となる初めての研究所である。研究部は第一〔物理関係〕・第二〔火薬・爆薬関係〕・第三部〔毒ガス関係〕に分かれていた。

これらが昭和十六（一九四一）年、「毒ガス」研究の第六陸軍技術研究所、秘密戦の第九陸軍技術研究所、物理関係の第七陸軍技術研究所へと引き継がれていく。

陸軍科学研究所が設立される前の大正八年三月、小泉はアメリカ・ヨーロッパ各国への出張を命じられている。アメリカでは、陸軍軍医学校・陸軍病院を視察、そこでの調査は大いに参考になったという。同年六月にはドイツ・ベルリンへと向かった。ここでは連合軍陸軍委員として長期滞在した。すでに日本陸軍では「毒ガス」研究を手掛けていたことから、見学や資料の閲覧など訪問する先々で、彼は歓迎されたといわれている。連合軍としての「昨日の友」である。第二次世界大戦において「昨日の友は今日の敵」となったことは言うまでもない。小泉は各地の戦場地を見て回り「毒ガス」攻撃の悲惨なさまを目の当たりにして、「毒ガス」による人体の影響やその威力がどれほど凄まじいものか、とあらためて驚愕した。同時にヨーロッパ各地の軍事訓練を見て、日本軍の体力や運動力のレベルが低いことを実感している。彼は「国力」の違いに愕然としたはずだ。

翌九（一九二〇）年五月、小泉は帰国。同年十二月、科学研究所第三部毒ガス研究の衛生班の責任者に任命された。そして彼は毒ガス治療の研究者の道を歩まざるを得なくなっていく。

小泉は「イペリット」の特効薬として「イペリット抗膏」を考案した。しかしその研究の中で、人間の体が毒ガスによって蝕まれた際の治療方法や、いったん体内に取り込まれた時、どのように臓器が破壊され死に至るかは理解できても、その過程が判明しなかった。そこで、彼らは「動物実験」を試みる。動物に毒ガスを吸わせ、生きたまま解剖して内臓の変化を観察するのだ。ここで疑問が生じるのは、人の体は動物の体とは大きく異なることだ。しかも毒ガスにやられた人の臓器は、人それぞれに違いがある。やがては死に至るものの、ある者は肺に、またある者は肝臓をやられているというように。

そして大正十二（一九二三）年、関東大震災が起こる。軍医学校や研究所にも被害が及び、研究は中断される。再開に本格的な目処が立つのは、昭和四（一九二九）年の軍医学校が完成したときである。そこに小泉の研究所も建てられた。ここには手術室も設置された。その一方で「毒ガス戦」の準備は粛々と進められていた。昭和二（一九二七）年には、瀬戸内海に浮かぶ大久野島で、毒ガス工場の建設を開始、同四（一九二九）年には陸軍造兵廠忠海製造所として、「毒ガス」の生産を始めていく。そこではもちろん陸軍の兵器として「イペリット」も生産されていた。本格的に毒ガス製造を東京から遠く離れた小島で行ったのは、「秘密保持」がいちばんの理由であったことに間違いない。

ここで注視すべきは、「毒ガス」の製造に関するほぼすべての研究施設を大久野島に移設したことで、軍医学校や小泉の研究所から離れてしまったことである。そんな中で小泉たちを歓喜させたのが、昭和四（一九二九）年十一月に軍医学校新築を記念して天皇の訪問が決まったことだ。自分たちの研究成果を天皇に報告することができるなど、彼らは想像すらしなかったに違いない。それ以後、小泉は軍医学校長になり、医務局長、さらには政界へと進み、昭和十六（一九四一）年には第三次近衛内閣で厚生大臣に就任する。

大久野島が軍事的にクローズアップされたのは、日露戦争前の明治三十五（一九〇二）年、瀬戸内海に芸予要塞が設置され、多くの島に砲台が設置された時からだった。大久野島には八つの大きな大砲が設置されたという。そして、何より大事なことは、長い間この島は、日本の化学兵器として毒ガスの製造を行っていたことから、戦争中は秘密の島として、地図上から消されていたことだ。毒ガス工場があった時代、この島に大きな毒ガスタンクが置かれていた。戦後処理の際にタンクを焼却したため、平成十一（一九九九）年に土壌を改めて洗浄している。現在でも周囲四キロの小さな島に当時の面影を残す遺跡がいくつも残されている。

石井四郎の登場

毒ガスの使用を禁じたはずのハーグ条約だが、反故にされたかのような戦場のありさまに、西洋列強の間では一九二二年からアメリカ・ワシントンでの軍縮会議において「毒ガス」禁止の議論が激しさを増していた。そして一九二五年、その議論はジュネーヴ協定として実を結んでいく。ここでは、「毒ガス」のみならず「細菌」兵器も禁じている。日本からは、陸軍省医務局の原田軍医中将が参加した。この会議で日本とアメリカは協定に「批准」をしていないことはすでに述べた。

日本ではそれまでに極めて小規模的な細菌戦を試みた例もあるようだが、本格的な「細菌戦」の展開は見られていなかった。原田は帰国後、各国の細菌研究事情について、軍医を中心とした研究関係者に報告した。そこに飛びついたのが、京都大学出身の石井四郎であった。

彼は当時、京都第一六師団付きの軍医であり、大学の後輩である増田知貞軍医と連名で「人工マラリアの血球沈降速度に及ぼす影響」と題して、性病に対する発熱療法についての治療方法に関する論文に取り掛かっていた。そこに原田の報告が飛び込んできたのだ。

ここで興味ある発言を紹介する。ジュネーヴ協定が調印された一九二五年、参謀本部に所属していた遠藤三郎元陸軍中将は次のように語った。遠藤は、七三一部隊における〈マルタ〉を利用した生体実験を満州で目の当たりにして、深く憂慮した数少ない人物である。

「当時の石井（四郎）はよく参謀本部に顔を見せており、各参謀に対して細菌戦の重要性を説いて回っていた」

石井はコネクションを最大に利用して、陸軍大臣にまで直談判していたと言われる。だが、この時点で石井の説得に対する参謀本部の反応は鈍かった。業を煮やした石井は、視察旅行と称してヨーロッパへと単身出掛けていく。昭和三（一九二八）年のことである。当初は私費で渡ったが、後には官費での視察となった。昭和五（一九三〇）年四月に石井は帰国、八月には陸軍軍医学校防疫部の教官となっている。ここで「細菌戦」準備の場を得た石井は、「細菌兵器」の重要性について伝授して回る。だが、従来防疫部の研究は防衛的な内容が主たるものだった。石井はそこでの「細菌戦」準備は困難であると見極め、新たな研究施設を求めるようになっていく。

そんな彼を支持したのが小泉親彦だった。この時の小泉は、石井四郎の人間性や研究成果に関しては全くといっていいほど知らなかった。ただ石井が「細菌戦」の準備に多大な熱意を抱いていることだけが支持の理由だったのだろう。小泉は軍医学校として「毒ガス」に変わる「何か」を追究したかった。また「細菌戦」の準備となれば、先の「毒ガス」のように他局にさらわれることはないだろうと考えたに違いない。

一方の石井は、何事もワンマンに進める性格のため、次第に研究者仲間や後輩たちから疎んじられていく。だが、彼はそんなことなどお構いなしに研究に突き進んでいた。そんな石井を小泉は理解したと言われる。施設が手狭になり、新築計画が持ち上がった昭和七（一九三二）年四月、小泉が近衛師団の軍医部長を兼任していたことから、広大な土地を入手した。翌八（一九三三）年八月、鉄筋コンクリート二階建ての防疫研究室が完成した。敗戦までの十二年間、ここが石井四郎の研究室となったのである。

昭和六（一九三一）年の満州事変勃発の頃、石井は満州においても「実験」を始めている。これを支えたのが永田鉄山陸軍省軍事課長であった。永田は当時、陸軍省の統制派リーダーであり、満州事変計画に携わった人物だった。それだけではない。石井は同年十一月、陸軍大臣となった荒木貞夫（一八七七～一九六六）中将にまで働きかけている。荒木がどこまで石井の「細菌戦」工作に納得したのかは定かではない。ただ、石井は後に、ハルビンと吉林の中間地点にある背陰河《ペイインホー》という村に実験場を設置している。施設はこの村にある醤油製造工場を改修したものだ。設置計画は秘密裏に進められたので、石井たちの間ではこの実験場を「東郷」と呼んでいた。ここで実験に携わった隊員はかなりの数に上り、三百人はいたと言われている。もちろん医学者たちも含まれていた。

背陰河での実験活動は、関東軍作戦主任参謀の監督下にあった。監督責任者は、石原莞爾《かんじ》中佐。彼は満州事変のゴタゴタによる責任をとって、昭和七（一九三二）年八月に更迭。遠藤三郎が後釜となった。この時の資金は当然ながら「機密費」とみなされていたが、かなりの額であり、驚くことに石井四郎が直接受け取っていたとされる。

実はこの時、すでに「生体実験」は始まっており、そこで犠牲になったのはハルビンの監獄から送られてきた死刑囚だった。彼らは一人ずつ檻の中に閉じ込められ、実験材料になった挙句、死後は高電圧の電気炉で焼かれ、一切の証拠を残さないようにされた。この部隊に送り込まれた隊員たちは、まず新京で関東軍作戦主任参謀のところへ出向き、生体実験は「秘密作戦」であることを叩き込まれ、偽名のもと背陰河へと送られた。そして日本国内への通信は一切禁止された。彼らは石井の指導のもとで「細菌戦」の重要性、つまり敵国から細菌攻撃を受けた際にいかに防御するかの研究がいかに大切か説得された。

部隊は死刑囚たちの体に多種の病原菌を打ち、潜伏期間・発症・死亡といった経過観察に余念がなかった。また「細菌戦」には、防御・攻撃の如何にかかわらず、ワクチンの開発は不可欠である。ペスト菌のワクチンが開発されると、それを死刑囚たちの体に打ち、免疫ができた頃を見計らって、「ペスト菌」を打つ。その結果、「発病」しなければワクチンには効果があるとみなされる。しかし、これでおしまいではない。死刑囚たちにはそれぞれ摂取量を変えての実験が待っている。その過程で彼らが「発病」して「死亡」すれば、ワクチンに効果はないという結論に至る。

ここで一つの証言がある。遠藤三郎が背陰河を訪問した際に、石井たちが「細菌」研究とはかけ離れた実験をしているのを前に、厳しく叱責したというものだ。実験内容は「絶食」によって人は何日生きられるのか、あるいは水だけを与えた場合ではどうなのか、などである。遠藤はこの時激怒したという。その後このような実験は停止させられている。

だが忘れてならないのは、ここでの実験が「細菌戦」研究の始まりだったことである。東郷部隊は昭和十一（一九三六）年八月、「関東軍防疫部」を発足するに至った。その後の昭和十五（一九四〇）年八月に「関東軍防疫給水部」に名称を変え（この間「石井部隊」「加茂部隊」と呼ばれている）、そして日米開戦の昭和十六（一九四一）年にはついに第七三一部隊となる。

七三一部隊の創設者となった陸軍軍医中将石井四郎は、初期の頃から二人の兄を部隊の要職に就かせ、さらには実験のために地元の関係者を中心に人材を集めた。「秘匿」研究と称し、来たるべき「細菌戦」に備え、〈マルタ〉に対して人体実験を行うという非道極まりない残虐行為を敗戦の日まで続けていくのだった。

毒ガス工場の島、大久野島

瀬戸内海に浮かぶ広島県竹原市の大久野島は、現在約五百～六百羽のうさぎが棲息し、「うさぎの島」として知られている。昭和四（一九二九）年から二十（一九四五）年の敗戦に至るまで、この小さな島に毒ガスの製造工場があったこと、そこで日本軍が「毒ガス」を製造していたということは、昭和五十九（一九八四）年頃まで日本では知られていなかった。「化学戦」の実態は秘密にされ、旧軍人以外ほとんど事実を知らされていなかったのだ。

戦後、竹原市議会において大久野島に「加害性」を公表すべく「資料館」設立の要望を出したが難航した。だが、竹原市は昭和六十三（一九八八）年、ついに「毒ガス資料館」を竣工した。そこでは毒ガス製造による被害や戦争の実態を伝える資料が展示されている。

また島には、毒ガスが製造されていたという遺跡が多数ある。休暇村本館西側にある「毒ガス貯蔵庫跡」。ここには猛毒で皮膚がただれてしまう「イペリットガス」が貯蔵されていた。貯蔵庫には二つの部屋それぞれに一〇トン入るタンクが置かれ、、すぐ前にあったイペリットの工場から毒ガスが送り込まれていたという。イペリットやルイサイトと言われる液体毒ガスは、内部に鉛を張った鉄製のタンクに入っていた。毒ガスの遺跡の中で最も大きい巨大な「のざらし貯蔵タンク跡」には、毒ガスタンクを設置したコンクリートの台座が三十二個残っている。戦後処理の際、毒ガスを取り除くために火災放射器で焼き払われ、黒くただれた壁が、今でもその凄惨さを物語っている。戦後この島に残っていた毒ガスは、高知県土佐沖の太平洋に投棄されている。

先述したように、この島が軍事的にクローズアップされたのは、日露戦争前の明治三十五（一九〇二）年、瀬戸内海の芸予要塞が設置され、大久野島に砲台が配備された時からだ。

「ジュネーヴ議定書」を批准していない日本軍は、来たるべき戦争に備え、毒ガスなどの化学兵器の開発を進め、千葉県習志野に「毒ガス戦」の学校を、神奈川県の相模原には「毒ガス兵器製造工場」を造った。さらには、瀬戸内海に浮かぶ小さな大久野島に「毒ガス兵器製造所」を建設していく。島では昭和二（一九二七）年から工場建設が始まり、昭和四（一九二九）年には毒ガス製造が開始された。

陸軍では、大正八（一九一九）年研究機関として「陸軍科学研究所」、昭和四（一九二九）年製造機関として「陸軍造兵廠忠海製造所」、同八（一九三三）年教育（訓練）機関として「陸軍習志野学校」を設置。そして、日中戦争が始まった同十二（一九三七）年には「陸軍造兵廠曽根（現北九州小倉）製造所」を建設した。大久野島で製造された「毒ガス」は曽根製造所へ輸送。そこで毒ガスは兵器に詰められ、習志野で運用訓練し、日中戦争で用いたと言われている。大久野島は陸軍造兵署東京第二陸軍造兵署が管轄し、昭和十九（一九四四）年頃まで、糜爛剤、血液剤、催涙剤、嘔吐剤など、合計約六六〇〇トン製造したとされる。毒ガス製造を秘密にするため、昭和十三（一九三八）年、大久野島は地図からその存在を消されてしまう。

戦争終結を決断する要因の一つとなったとされる、広島、長崎への原爆投下。これによって日本人は被害者の立場として世界にアピールをしている。しかし、実際のところ広島では「被害」の歴史だけではなく、加害の歴史も存在したことを認識しなければならない。それは、旧日本軍の毒ガス製造の拠点として大久野島があったことだ。日本人が忘れてはならないのは、国際条約で使用が禁じられた毒ガスを使って中国で多数の命を奪ったことである。

もう一つの少年隊

大久野島が日本軍の毒ガス製造の拠点だったと先述した。そしてここでも言っておきたいことがある。それは七三一部隊が満州で見習い技術員として高等小学校を卒業したばかりの十四歳の少年たちを集め「少年隊」を編成していたように、大久野島でも同様に「少年隊」を編成していた事実だ。彼らは「直接」生体実験に参加してはいない。だが「化学戦」を目的とする「毒ガス」製造に「直接」関わっていたのだ。

ここに一人の少年隊員の証言がある。彼の名は村上初一、後に大久野島に開設された「毒ガス資料館」の館長となった人物だ。彼の追想を紹介したい。

「天に代わりて不義を討つ　忠勇無双の我が兵は　歓呼の声に送られて
今ぞ出で立つ父母の国　勝たずば生きて帰らじと　誓う心の勇ましさ」

村上は大久野島へ向かう船の発着地、忠海《ただのうみ》にある小学校に通っていた。運動会では決まってこの歌を歌いながら、「木刀」を振りかざす「遊戯」があったという。五、六年生が軍隊の兵士に扮して戦闘を模倣するのだ。二手に分かれ、敵味方の撃ち合いが始まるのだ。戦闘が終わり、兵士たちに扮した児童たちは勝ち負けを確認する。その後、子どもたちは堂々と運動場で大行進をする。見学する親たちは勇ましい彼らの姿に拍手喝采を贈るのだ。戦いを終え子どもたちは、最高司令官に扮した校長の講評を聞き、戦闘遊戯は終了。つまり、教育の現場ではこうして子どもたちに戦争への「抑揚感」を植え付けていったのだ。

当時、忠海の町から大人たちは、大久野島にある「忠海兵器製造所」へと働きに出ていた。また島は労働力の不足を補うため、学生や生徒を強制的に働かせる学徒動員で集められた十代の若者たちもいた。

忠海の港から島まで、およそ三・五キロの航路。船内には、腰に銃剣を吊るした軍人をはじめ、国防色の作業服の男たちや同じ色のモンペを履いた女性たち。男女ともに下駄履きだ。たびたび憲兵の姿を目にした。あるときは「スパイ行為」だと言って、人を捕まえたこともあった。子どもながらに「恐怖」を感じていたという。

戦争が激化するにつれ、製造所の募集宣伝が盛んになっていく。それを担当するのは各自治体。未経験でも、小学校卒業の学力と体力さえあれば、合格することができた。そして、その動きは高等小学校へと拡大していく。

昭和十六（一九四一）年、島に「陸軍技能者養成所」の創設が決定。これを受けて、高等小学校にも養成所の募集が開始される。合格すると三年間の学習期間を経て陸軍軍属となり、技師や技手幹部への登用が可能になる、などといった夢と希望を抱かせる謳い文句で、中学校への進学が叶わないわずか十三、四歳の少年たちを煽った。皮肉にも七三一部隊の少年隊募集とほぼ同時期、さらには募集内容までもが同じである。合格した少年たちは、四月一日入所式を迎えた。彼らにはこれから化学戦争に使用するための「毒ガス」製造の作業が待ち受けているなどとはつゆも知らされていない。

「大久野島は軍の秘密に属する島であるから、秘密を厳守すること」

秘密厳守は、平房の少年たちにも課せられた厳しい誓約である。島の少年たちも、お国のためと養成所での兵器製造に関わる講義に、日々勤しんでいった。中でも「化学兵器人道論」の授業や、昭和十一年陸軍技術本部発行の「化学兵器の理論と実際」というテキストを使用しての授業は圧巻であった。そこでは、一九二五年のジュネーブでの化学兵器使用禁止条約を批判する内容があった。

「現代の化学工業の中には化学兵器に関係のあるものが少なくない。化学兵器の重要な原料である塩素は、現代の主要工業薬品であって、これが化学兵器に関係があるということだけの理由で禁止することは化学工業の成立を否定するものであると言わなければならない。化学工業が禁止されない限り、その進歩発達に従い化学戦準備が整備されるのは自然の勢いであって、化学兵器を禁止しようとしても不可能なことである。また理論的には、ガスは拡散して広い範囲に多数の中毒者を出す特性を持っており、その傷害は致死的ではなく、敵の戦闘力を低下させるためのものであり、敵だからといって強いて殺すのではない。通常兵器の様に流血の惨事を起こさず、傷害も痛みやその苦痛度が低い。極めてこれは人道的である」

（村上初一『毒ガス島と少年《大久野島を語り継ぐために》』）

このような授業を十四歳の少年は理解ができたのであろうか。養成所では少年たちは皇軍教育を徹底させられ、厳しい軍事教練と毒ガス製造現場での実習の日々が続いた。あまりの厳しさに少年たちは密かに「大苦之島」と呼んだという。

村上は高等小学校を卒業した春、養成工として入る。三年間の学習期間中、化学兵器の工場実習や兵器学の教育ならびに軍事教練の指導を受けた。毒ガスに関しては、毒性の低いものから製造工程を学習したという。三年間の教育機関を終えると、彼は毒ガスを製造する機械の修理や新規製作に配属される。毒ガスに接触する「差」はあれ、危険なことに変わりはない。当時、急性気管支炎にかかる者が多く、二、三日の医務休暇は認められた。だが、それも度重なると慢性化する。島では、各工程内において常に「完全防備」体制を強いた。防毒マスク・ゴム製防備服・長靴・手袋などで身を包んだ。

しかし厳しい日々にあって、気管支炎になることくらいは抵抗がなかった。また、自分たちの製造する「毒ガス」がどこに運ばれていくのか、さらには使用目的など知る由もなかった。「疑問」に思う余裕さえなかったのだ。彼らがその実態を知るのは敗戦後のことである。

「大久野島では、肺炎にでも二、三回かからにゃ一人前の工員になれん」
（『記録にない島』二七頁、毒ガス島歴史研究所会報第八号、二〇〇二年）

先輩たちはそう言った。

そして、敗戦の日を迎えた。

敗戦翌日昭和二十（一九四五）年八月十六日、作業員たちは平常通り出勤した。だが、日本が負けたことを知った者たちは、酒を煽り自暴自棄になっていた。彼らは、あろうことか毒ガス製造の「原料」になるアルコールをどこからか持ち出して、煽っていたのだ。この事態を知った島の幹部は、たちまち彼らを集め、「訓示」を垂れた。

「我々工員は毒ガス製造の罪で占領軍に拘束される恐れがある、日本人として、この場に及んで狼狽しないでいさぎよく待機してほしい…」（『記録にない島』二七～八頁）

この幹部の話が本当ならば、自分たちの実験はアメリカ軍が察知していたことになる。この時から島で毒ガスに従事した人々は、来たるべき占領軍による逮捕を恐れることになる。だが、彼らの恐怖は杞憂に終わった。昭和二十三（一九四八）年の極東軍事裁判、つまり東京裁判では、細菌製造に関する戦争責任までは、追及されなかったのだ。

だが、戦後の彼らを待ち受けたのは毒ガスの「後遺症」であった。

村上に続いて、大久野島に渡った少年の一人に藤本安馬がいる。

藤本は大久野島寺納車養成所の二期生。村上に似た環境にあって、高等小学校を卒業すると、当初は「満蒙開拓青少年義勇軍」として満州へ渡るはずが、教師に勧められ養成所の門をくぐったのだ。昭和十六（一九四一）年、春のことである。藤本によると、第一期生は三年の学習を経て卒業したが、二期生以降は、約二年半で繰り上げ卒業になったという。その理由は、戦況が激しくなり、毒ガス製造の量が急激に増えたことによるものであり、少年たちを一刻も早く毒ガスの製造工程に配置させたいためであったという。

当時のことを詳細に綴った解放新聞二〇〇五年十二月十九日付藤本の取材記事「生きる」を引用する。

藤本さんは（十九）四一年三月に地元の高等小学校を卒業すると同時に、大久野島の毒ガス養成所の二期生に応募した。貧しい被差別部落に生まれた藤本少年は、何も知らず、他の選択肢もないままに養成所に応募する。「家の手伝いで満足に勉強できなかったが、必死で勉強をしました。だから今でも、化学式は忘れていません」という。「ここで午前中は勉強、午後は実習の生活が二年五ヵ月で卒業し、生産ラインに配属されました」という。

藤本さんの口からは、すらすらと毒ガスの種類が語られた。「黄1はイペリット、黄2はルイサイト、茶1は青酸ガス、赤1はジフェニールシアンアルシン、緑1はクロアセトンフェノンなどがあります。黄1、黄2は、糜爛《びらん》性《せい》で皮膚がただれる。茶1は中毒性。赤1はくしゃみ。緑1は催涙性の5種類を製造していました。また、黄2を造るには窒息性の白1を造る必要があります」という。

卒業後、彼はルイサイトなどの製造に一年間従事した。

その後原料不足が重なり、毒ガスの製造に難をきたし始めたことから、「火薬」を製造するようになっていく。その過程で藤本は、京都・宇治にある火薬工場に転属し、そこで終戦を迎えた。その彼も、戦後は気管支炎に悩まされ続けている。

「しかし私は、毒ガス被害者である前に加害者であることをしっかり自覚しなければならないと思っています。被害者である前に加害者であるという自覚なしに平和は語れないと思います」(「記録にない島」二五頁)

自分たちは、毒ガス製造による「加害」の責任をいかにして背負い、後の世に伝えていくべきか終生自問自答し続けた。

「ルイサイトの原料である、三塩化砒素は永久に分解しません。猛毒のまま、日本の海や山に投棄されています。日本政府は、事実の調査や詳細を公表することには消極的であり、戦争責任の拡大を恐れているようだ」(解放新聞二〇〇五年十二月十九日付「生きる」)

そして、自らできることとして「いかにして毒ガスを製造したのか、さらには今なお島には、毒ガスが残っていることを証言することが、自らに課せられた責任だと思うに至った。

「証言をもとに、これからの調査に生かしていくという大きな使命がある。そして、過去のことは絶対に忘れてならない。自分たちが作った毒ガスの体験を作った私にできる責任の償い方ではないかと考えています」（『記録にない島』二五頁）

藤本は贖罪を胸に、取材を受けるたびに「自分は人間の面をかぶった鬼になってしまった」と語る。取材の際の彼の証言を以下に、要約する。

「シュッー」不気味な音を立て、目の前で毒ガスの原液が飛び散ったこともある。昭和十八（一九四三）年頃、大久野島の工場内での出来事である。当時の彼は、原液を高温の釜から貯蔵タンクへ移す最中、バルブ操作の力加減を誤った。首より上を覆う防毒マスクの隙間からガスが忍び込み、刺されたような感覚が走った。触れると首筋には複数の水疱《すいほう》があった。驚いたが、それ以上に強い使命感が痛みと良心を麻痺させていた。

「毒ガスで戦争に勝ち、英雄になる」

養成所では難解な授業に苦戦しながら猛勉強で上位に立った。約二年で毒ガス「ルイサイト」の担当に抜てきされ、正式な工員に。浴びれば皮膚がただれ、容易に死に至ることから「死の露」と呼ばれていた。製造工程は複雑で、同僚は幾度も事故で重傷を負った。しかし「中国人を殺すことに後ろめたさはなかった。勝利のため必要だと邁進《まいしん》」した。

「私の猛勉強は誤った目的で生かされてしまった」と藤本は後悔する。

しかし戦後長らく、藤本は自ら招いた「加害」の記憶を心の奥底にしまい込んでいた。

大久野島で少年たちが製造に従事した「毒ガス」は、多くの中国人を殺傷した。中国側の調査によれば、旧日本軍は昭和十二（一九三七）年から終戦する二十年までの八年間に、少なくとも二千九十一回毒ガスを使用し、民間人を含む八万人を死傷させている。もちろん、大久野島の毒ガスの被害者は日本国内にもいる。

藤本は胃がんを患い胃の全摘手術を受け、ようやく回復の兆しが見えた二〇〇四年、「毒ガス」で多くの犠牲者を出した河北省北坦村に謝罪の旅に出た。日本軍はいわゆる三光作戦――〈殺しつくし（殺光）・焼きつくし（焼光）・奪いつくす（奪光）〉によっておそったのである（筆者註：三光作戦とは国民党〔蒋介石《しょうかいせき》の軍〕、そして日本軍が共産党支配地区に対して行った皆殺し作戦）。北担村は当時「解放区」（中国共産党が国民政府支配下の中国で確保していた地区）の一つとなっていた。この地は一九四二（昭和十七）年五月二十七日、日本軍によって急襲された。村人たちは逃げようとして、村中を掘って繋いだ坑道に隠れた。そこに日本軍は毒ガスを投入したのだ。坑道は地獄と化し、多くの村人たちがここで毒ガスの犠牲となった。逃げまどい見つかった人々は銃殺された。いうまでもなく女性たちは「強姦」された。この悲劇を永遠に忘れぬよう、村には「碑」が建てられた。そこには犠牲者の名を記すとともに、その時母親の懐にいた多くの赤ん坊が虐殺され、その鮮血が黄土を赤く染めたと刻まれている。この地を訪れ、遺族たちと面会し、謝罪の意を述べた藤本の姿に村人たちは感激した。藤本は二〇二二年十二月、コロナ渦の中にあって静かに逝った。享年九十六歳。

藤本自身も、ルイサイトを釜から取り出すときに原液が飛び散り、首筋に大豆大の水疱《すいほう》が十数個できたこともあった。すぐに医務室に行ったが瞬く間に赤く膨れ上がり、針で突き刺すような痛みが走った。治るまでに二ヵ月ほどかかったが、多少の被毒は日常茶飯事で、重傷でない限り作業を休むことは許されなかったという。

このような島での危険な作業は、家族にさえ口外禁止。だが、命がけの毎日にも何ら疑問や抵抗は感じなかった。十四歳で大久野島にわたり、軍国教育を受けた藤本たちにとって毒ガスで人を殺すことは当たり前に思えた。

「毒ガスで戦争に勝利する。やったろうじゃないかという気持ちだった」と振り返る。

敗戦後の藤本は、「自分のしたことは犯罪だった」と、毒ガス製造に携わった罪の意識に苛まれ続けた。

「私は人の面をかぶった鬼になっていた。人に戻るには過去の自分の責任をしっかりとらえなければいけない」

やがて彼は、小学校などで自らの体験を証言するようになっていく。だが、存命の仲間たちの口は重い。

「私がいなくなれば、証言をする人はいなくなる」と憂いていた。そこには戦争経験者は若者に過去の事実を正しく語り継ぐ責任があるのだ、という彼自身の強い意志が表れている。

2004年８月、藤本さんの謝罪の旅。藤本さんは毒ガス被害者の中で数少ない生存者である李慶祥さんに謝罪。李さんの家族の多くは毒ガスの犠牲となった。（山内正之氏提供）

藤本さんと遺族の面会には、村長や大勢の村人たちが集まった。（山内正之氏提供）

北担村にある霊園の石碑。霊園は日本軍が坑道に毒ガスを投げ込み、800人以上を殺害した場所にあり、現在でも犠牲者の遺体が眠っている。碑には、犠牲者の名前が刻んである。（山内正之氏提供）

七三一部隊の少年隊には看護助手として少女たちが渡満しているが、大久野島でも近隣の女学生たちを学徒動員していた事実がある。その一人に当時忠海女学校に通う岡田黎子《れいこ》がいた。昭和十九（一九四四）年の秋から翌二十年の敗戦まで、およそ九ヵ月、広島県知事の命令による動員であった。彼女たちは、島で何が行われ、何がなされようとしているのか、知ることも知らされることもないまま、ひたすら風船爆弾用の紙貼りを繰り返した。ここでも手早く作業を進める者が軍人に評価を受け、そうでない者は怒りを買った。

岡田は、なぜか上手く紙を貼ることができなかった。そんな作業光景に、軍人は彼女の手を掴んでは捻じ曲げようとした。痛いなどと言えば何をされるかわからない。無意味な作業としか思えない中、黎子の心は沈むばかりで、二ヵ月ほどでうつ状態になったという。体の弱い者は非国民、休むと国賊。中には、誹謗されることを恐れ、無理をした挙句命を落とす者もいた。毎朝、学徒たちを軍人が点呼する。その度に皇居に向かって敬礼し「一つ、軍人は忠節を尽くすを本分とすべし」と軍人勅諭を朗誦させられた。そればかりか、皇居に向かっての東方遥拝を強制させられた。

島の存在を隠すために、地図上から大久野島が消されていたことは先に述べた。彼女たちは、家から島に通うため呉線の列車に乗っていくのだが、海側の窓には鎧戸が下り、島が見えないようになっていた。また瀬戸内海を航行する船の窓にはカーテンが下ろされた。徹底した監視体制にあって、私語は許されず、どこで誰が何を聞いているのか、常に緊張状態が続いたという。島に渡ると所長から「島でのことは秘密だから、家族といえども言ってはならない」と言われた。島を出て帰途につく時には、毎回荷物検査があったという。

しかし、いくら厳しく管理されていても、時には事故が起こる。そんな時、たとえ重傷を負っても家族の面会は許されぬないばかりか、島の医務室で治療されるのみ。学生たちの命より秘密厳守を優先する徹底した機《き》密《みっ》体制には驚愕する。

　ある日、岡田の同級生の少女の頭上に、作業場周辺に巡らされたパイプからわずかな硝酸の滴が落ちたことがあった。彼女はたちまち痛みに苦しみ、髪の毛はすべて抜け落ちた。その日を境に、終生彼女の髪は生えてくることはなかった。また、敗戦を前に毒ガス製造が徐々に中止され、工場の建物を撤去する作業が進められた。そこに少年たちが駆り出された。彼らは柱に縄をくくりつけ、建物を引き倒そうとするが、その際に毒物が付着した粉塵が舞い上がってしまう。作業に夢中の少年たちは、いつの間にかそれを吸い込んでいた。やがて彼らは肺を侵され、死者も出たという。自分たちの身近で起こった事故によって、毒ガスに汚染された島をはっきり認識した少年少女たちの恐怖は、いかばかりだったろうか。


　終戦が近づくと、空襲を避けて、大量のドラム缶を隣の島に運ばされた。ドラム缶からは得体の知れない液体が漏れ出して、桟橋まで運ぶ途中くしゃみが止まらなかった。缶に座った生徒の腰に水疱ができたという話もあった。「一体何が入っていたのか」とたえず疑問が心に残り続けた。


　敗戦後、岡田は教師になった。

「戦争に都合のいい、能率がいい人間が立派な人間だとされた。苦しかったですよ」と当時を振り返る。

　戦時中の大久野島での体験を伝えなければならぬと、自ら描いた絵で島で起きていた加害と被害の歴史を、九十六歳の今なお語り継ぐ活動を続けている。

　世界戦史では、「毒ガス」を使用した第一次世界大戦を「化学の戦争」と位置付け、アメリカが原子爆弾を落とした第二次世界大戦を「物理の戦争」と呼ぶことがしばしばある。戦争と科学の発展を切り離すことはおよそ困難であるが、その陰で命を落としてきたのは計り知れない数の市民である。このような兵器開発を目論み実践してきた張本人たちはどんな思いで生涯を過ごしたのだろう。

そしてそういった作業に関わった中には、やはり十代の少年たちが何人もいた。その多くが七三一部隊の少年隊と同じように政府の政策、そして彼らを煽る一つの在り方の犠牲となっていった。彼らは国家に対する強い使命感から痛みと良心を麻痺させていき、中には人間の面をかぶった鬼になってしまったと嘆く者がいた。

先の藤本の証言はそんな彼らの胸中を代弁するかのように語られたものである。彼は貧しい農家に生まれ、高等小学校の卒業直前、教師からお金をもらいながらも勉強できる場所があると言われ、昭和十六（一九四一）年に十四歳で大久野島の工員養成所へと入学している。ところが大久野島に渡ると刺激臭が鼻をつき、島の

「防毒面の配給」（2009、竹原市大久野島毒ガス資料館蔵）
岡田黎子さんが墨で描いた、大久野島の学徒時代の記憶。この作品は学徒にも工員が使い古した防毒面が配られたことを描いたもの。防毒面を着用すると顔や目に痛みが走ったという。（岡田黎子氏提供）

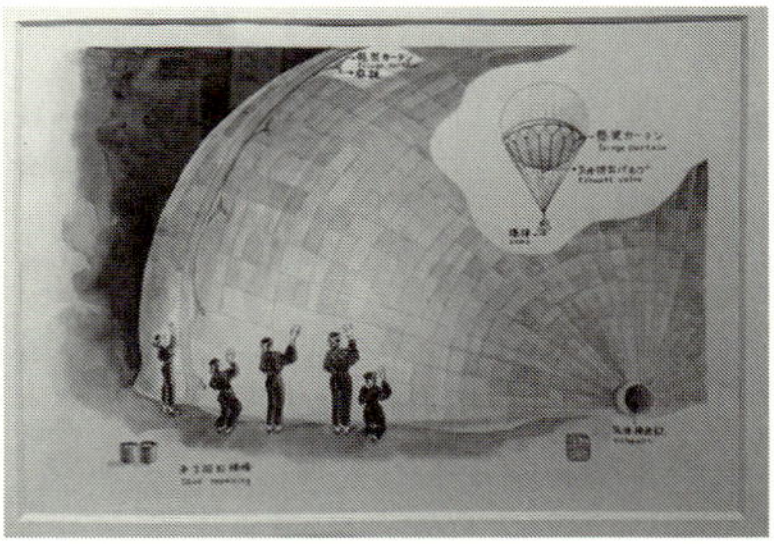

「球体の組み立て完成―1945 年 1 ～ 2 月」
岡田さんが風船爆弾の製作に関わっていた全体像を描いた作品。（岡田黎子氏提供）

「十姉妹　学徒動員」（2009、広島県立図書館蔵）
毒ガスの製造工場で飼われていた十姉妹《ジュウシマツ》を見る少女たち。十姉妹はいわば「炭鉱の中のカナリア」。鳥たちが異常な動きをすると、工員たちは一目散に逃げたという。うさぎも実験用に飼われていた。（岡田黎子氏提供）

木々は枯れていた。そうした現実を前にしても、教官は言った。君たちは毒ガスを作っていることを一切口外してはならぬのだ、と。

敗戦と同時に、大久野島における毒ガス製造工場は停止された。携わった工員や動員学徒は延べ六千人以上といわれる。

昭和二十一（一九四六）年五月より、連合軍の命令によって帝国人絹三原工場が戦後処理を実施した。この時、島内に貯蔵されていた毒ガス三千トン以上とガス弾などは高知県土佐沖に投棄された。工場や毒ガス貯蔵庫は火炎放射器で除毒作業を行ったうえで破壊された。翌年六月、毒ガス製造所は消滅した。

日本軍による細菌戦の始まり

昭和二十（一九四五）年八月六日の広島、そして九日の長崎への「原子爆弾」投下によって、第二次世界大戦は終結した。それによって、戦略準備を進めていた旧日本軍の本土決戦による「毒ガス」使用は避けられた。しかし戦後の東京裁判において、旧日本軍による中国での「毒ガス」使用について厳しい告発が続いた。ここでは日本軍が犯した「毒ガス」作戦を始まりから追っていくことにする。

第一次世界大戦の終結を前に、大正八（一九一九）年四月、陸軍科学研究所が発足したことはすでに述べた。明治の終わりから「毒ガス」研究が、陸軍軍医小泉親彦を中心に、東京砲兵工廠において「兵器」ともいえる銃や火薬の製造などを粛々と進めていた。しかも予算は国家の特別費として計上された。つまり第一次世界大戦の頃すでに「毒ガス」の初歩的な研究が始まっていた可能性がある。ここで一つの興味深い証言を紹介したい。

「大正五年三月、*萱野長知《かやのながとも》（明治六〔一八七三年〕年〜昭和二十二〔一九四七〕年）氏が（中略）大隈首相から*神尾光臣《かみおみつおみ》（安政二〔一八五五〕年〜昭和二〔一九二七〕年）守備軍司令官に宛てた添書をもって、青島《チンタオ》に乗り込んできた。そこで、軍の意向を探ると（中略）軍政署長多賀中佐を訪ねて、革命軍との連絡を依頼したところ、中佐はその日のうちに私を自動車に同乗させて、革命軍本部に伴い、萱野、*居正《きょせい》（一八七六〜一九五一）両氏に『私の親友だから、宜敷く』と紹介してくれた。」

（『一人一殺——井上日召自伝』一五五頁）

*昭和の大陸浪人であり、昭和二十一（一九四六）年には貴族院議員でもあった。孫文の中国革命を支援した人物として知られる。
*陸軍軍人　青島守備軍司令官。第一次対戦における青島攻略の指揮をとった人物。
*清・中華民国の革命家。
*多賀中佐　陸軍軍人

これはテロリストとして知られる井上日召（一八八六〜一九六七）が残した言葉である。井上は明治四十二（一九〇九）年南満州鉄道に雇われ、諜報活動を中心に満州一帯の動きを探る重要な役割を果たした人物である。戦前には右翼集団として「血盟団」を、戦後になると「護国団」を結成し、指導的立場にあった。昭和七（一九三二）年、「一人一殺」というスローガンを掲げ、日本の指導者暗殺によって国家改造の実現を試みようとして「血盟団事件」を引き起こし、無期懲役の判決が下った。だが昭和十五（一九四〇）年には特赦によって出獄。翌十六年には近衛文麿宅で居候生活を開始した。日米交渉に当たろうとしていた近衛が万一に備え、井上を護衛係としたものと言われている。その井上が満州において、驚いたことに「毒ガス」実験を行っていたのである。

「ある日、萱野・居正氏から、私に頼みがあると、いう。聞いてみると、素晴らしい世界一の毒ガスが手に入って、岡津という技師が持ってきたが、中国人は怖がって、誰も毒ガス隊長に成り手がないから、あなたが引き受けてくれないか、とのこと。そこで私は一隊の組織に就いては私に一任するとの条件で、即座に了承し、その日宿に帰ると、直ちに満州その他の方面の知己にあてて、至急青島に集合せよと打電した」（前掲書）

そうして、青島に集合した同志たちと共に井上は「毒ガス」の製造に取り掛かっていった。

「製造というのは、ガラスの器の中へ薬品を詰込むのであるが、扱う薬品がヒ素その他の猛毒物ばかりなので、初めの間は一同神妙に酸素吸入器を体につけ、ガスマスクで口鼻を被って作業していたが、五月で暑くてたまらないので、第一番に私が酸素吸入器を棄て、ついでマスクも止めにしたが、なんともない」（前掲書）

やがて、彼らは山羊に対して「毒ガス」の実験を行っている。しかしこれは失敗に終わる。山羊は初めのうちは首を振り、鼻をクシュンクシュンと言わせて反応を示したが、程なく何ごともなかったように辺りの草を食べ始めたのだ。

「毒ガス爆弾の第一回試験は、このようにして失敗におわった。（中略）世界一の毒ガス弾にみきりをつけてしまった。私は無数の毒ガス弾を抱いて、隊の今後はどうなるのかと思案しつつ、一方に再試験の延引することを念じ、他方に回線の一日も早からんことを願っていた」（前掲書）

井上日召が隊長となって毒ガス実験を試みたのは大正五（一九一六）年のことである。これが、日本軍として最初の「毒ガス」実験であったことを自らの著書で証言した貴重な記録である。

毒ガスを使用した地域

◇山西省における毒ガス使用

昭和十二（一九三七）年、日中戦争が始まり戦線が拡大すると、日本軍は兵力不足を補うために実戦での毒ガス使用を開始した。

中国・山西省で毒ガスを使用するように命令した旧日本軍の文書が、大久野島の「毒ガス資料館」に展示されている。文書中の「あか弾ヲ使用スルコトヲ得」の「あか」とは、「赤一号」の通称で呼ばれた毒ガス、ジフェニールシアンアルシンのことで、くしゃみ、頭痛、吐き気などを引き起こす。なかでも華北戦線の河北省北坦村では、村民に約千人の犠牲が出るなど、被害が大きかったが、毒ガスの使用は中国人以外に被害が極力及ばないようにすることと命じられていた。国際的非難が起きないようにするためだった。

◇台湾・セデック族に対する毒ガス使用

日本軍は、台湾に住む原住民にまで「毒ガス」を噴射した。それは、満州事変前年の昭和五（一九三〇）年のことである。当時日本の支配下にあった台湾において植民地開発を進める日本は、原住民を追い詰める事態になる。その結果、台湾の原住民である少数民族たちの反発が起きたのはいうまでもないことだった。

そして悲劇は起きた。日本人に対する虐殺である。そこで台湾総督府は、軍を出動させ、「毒ガス」で鎮圧したと言われる。蜂起に立ち上がった少数民族たちの生業は、狩猟や農業である。乱開発は彼らにとっては死活問題だった。だが総督府は「武力」によって彼らを排除し、追い詰めていったのである。抵抗を続ける少数民族たちは、霧社《むしゃ》と称される村落において開かれた、運動会に集まる日本人を襲撃したのだ。

蜂起の中心となったのは当時セデック族といわれた強豪部族だ。彼らはリーダーのモーナ＝ルーダオに率いられ、周辺の各部族たちとともに、緻密に計画を立てていた。突然の襲撃に現場は大混乱。日本人は児童を含む百三十二人、そして和服を着ていたことで日本人と間違えられた台湾人二人が殺害されている。この時日本は、彼らを鎮圧するために「毒ガス（び乱性爆弾）」を使用したといわれている。「霧社事件」と呼ばれたこの事件が日本軍にとって本格的な「毒ガス」使用の始まりであった。

◇寧波《ニンボー》市への細菌攻撃

昭和十五（一九四〇）年十月下旬、浙江省港湾都市である寧波・開明街上空から、ペストに感染したノミを投下した。いわゆる「ペスト攻撃」である。この時、七三一部隊は南京を基地とする一六四四部隊との合同作戦で、ペスト菌を注入した小麦・とうもろこし・布切れなどを投下。それらは街の商店街や庭・屋根・水瓶などに落下した。

石井たちは「ペスト」の効力を兵器として最重要視していた。寧波攻撃はその代表的な例である。住民たちは大量のノミが這っている様子をはっきりと目撃している。研究ではおよそ三日で効果が出るとされており、予想通り寧波では三日後にペストが発生した。十月二十九日、初の感染者が出て以降、商店街周辺では感染による犠牲者が相次いでいる。しかも二年後の昭和十七（一九四二）年九月にも石井の指揮により先の二部隊は再攻撃を行った。忘れてならないのは、この時も「少年隊」だった一人が参加していることだ。すでに成人に達していた者でも、少年隊員として「教育」を受けた実績によって参入されたことになる。以下、証言によって、寧波での生々しい作戦模様が浮かび上がってくる。

【証言者・石橋直方（作戦当時は二十一歳）】

「他の四十名の隊員と共に一九四〇年七月二十六日夕刻五時頃七三一部隊本部（平房）の引き込み線に停車していた極秘の列車に乗り込んだ」

十両つなぎの車両があったというが、定かではない。隊員四十名を乗せた車両、爆弾・自動車を積み込んだ車両は三両。他に翼をたたんだ飛行機・ロ水車・トラックなどが積みこまれていたという。輸送指揮官の園口忠男軍医中尉、そして分任官の坂井金太郎をのぞく三十八名は、軍属であった。

「長かったね。とにかく来る日も来る日も弁当、今でいう駅弁だね。三十数回食ったと思うよ。南京へ着いた時は、ホッとしたね」

引き込み線から出発した一行は平房駅からハルビン駅に到着。深夜十一時に再び、列車は長春に向けて走り出し、瀋陽そして錦州がすぎる頃には大雨に襲われ丸一日列車が立ち往生。平房を出発して以来、四日が過ぎていた。

「山海関を通ったのは八月に入ってからだという。天津・済南を過ぎて列車は南下。山東省からの山岳地帯は、当時すでに八路軍のゲリラ拠点がいくつもあった。警備のための武装兵も警乗」皆が緊張したという。八月五日、列車はようやく長江の南京の対岸浦口に到着。ここで、すべての車両は船で南京へと運ばれた。同乗していた四十名の隊員たちは多摩（栄とも言われた）一六四四部隊に迎えられた、とある。（筆者註：「戦争責任」vol.２四七頁より抜粋）

■中国・湖南省の常徳での攻撃

昭和十六（一九四一）年十一月四日、七三一部隊航空班増田美保少佐が操縦する九七指揮爆撃機から「ペスト菌」を投下。投下した「ノミ」が人間を噛み、そこから住民はペストに感染、流行が加速した。十二日頃最初の死亡者が出る。それは十二歳の少女であった。七三一部隊大田大佐以下、四十～五十名がペスト菌を散布した。

安達《アンダー》――人体（野外）実験場

細菌爆弾などの性能を調べるべく、石井たちは安達に実験場を設置していた。そこは、（証言者によって距離にはかなりの幅があるが）平房からおよそ二〇〇キロのところにあった。ここでの生体実験も実に生々しく残酷であった。昭和十八（一九四三）年以後にはかなりの頻度で〈マルタ〉を使い実験を繰り返していた。

後のハバロフスク裁判での柄沢十三夫の証言には、判決の準備書面において次のようにある。

「昭和十八年末あるいは十九年の初めに安達付近演習場にて人体及び動物に関する実験が行われたり」（常石敬一『七三一部隊』一五五～一五六頁）この時は「炭疽菌爆弾の実験が行われ、犠牲になったのは十～二十人であり、そのほかに馬二十頭についても実験が行われた」（同一五五～一五六頁）という。

一度の実験において、ある時にはヘルメットなどで武装した〈マルタ〉は十名が犠牲になっていた。彼らは、半径一〇メートルのなかにほぼ六メートル間隔で十字架に縛りつけられていた。そこに空中から飛行機でペスト菌・炭疽菌の詰め込んだ「爆弾」を炸裂させるのだ。感染が起こるものか、あるいはどれくらいの距離のところまで感染を広げることができるのかを実験した。この実験場にも「少年隊」員が立ち会っている。この証言者は、一九三八年に入隊とある。「幻の少年隊」の一人であった。

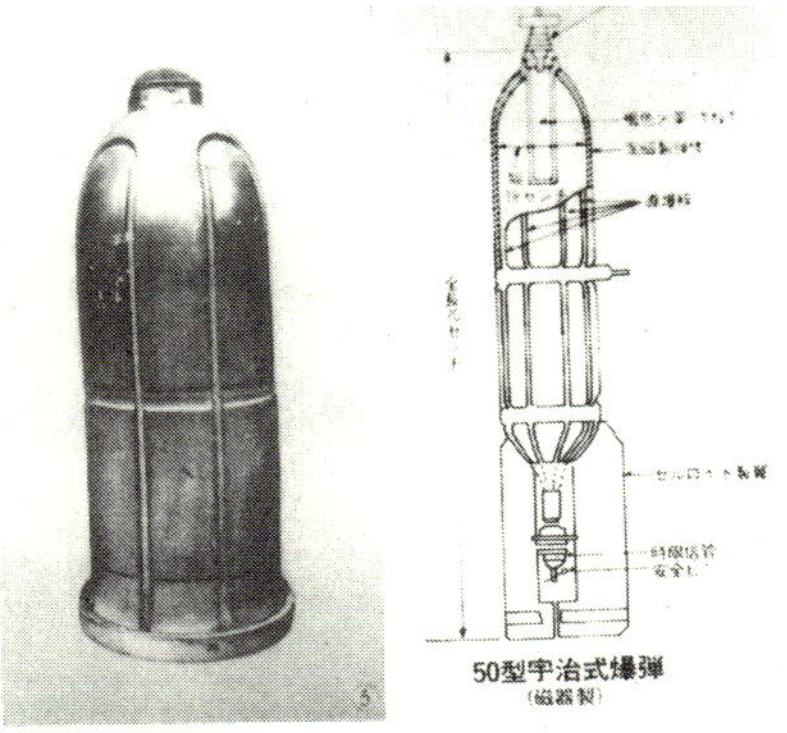

細菌爆弾（『侵华日陆军细菌部队罪图证言片』より）

彼は「高橋班（ペスト研究）」に、後に配属されている。チフス菌やコレラ菌を飛行機から散布する「雨下実験」や「ノミの投下」、さらに「（宇治式）陶器爆弾」など、細菌実験におけるすべての分野に助手として立ち会ったことになる。

ノモンハン事件における細菌戦

ここではまず、兵庫県西宮市の広報誌に寄稿された「非戦」を願う元軍人の手記を紹介する。

実際に行われた細菌戦

ノモンハン事件の際、ソビエート軍は展開する日本軍の頭上から、赤痢菌を液体培地毎《ごと》雨下してきた。七三一部隊長の石井四郎はその液を至急培養→二十時間で赤痢菌である事を確認し、関東軍司令官に報告。赤痢菌は四種類あり、三種類の死亡率は四〇％前後であるが、他の一種は死亡率九〇％。ソビエート軍の使用した菌種は何であったのか、記録を見なければ分からないが、死亡率の少ない菌種であったのではないか。

関東軍司令官は石井四郎に同様手段により反撃せよと命令。石井四郎は腸チフス菌を培養地毎ソ軍に反撃した所、間もなく停戦協定成立し、ソ軍はチタに集結した直後、腸チフス患者多発し、ソビエート赤十字社は非公式ながら日本軍は何をしたのかと抗議を申し込んできたので、その効果が確認出来たと七三一部隊史に記載されていたのを、その記録を直接わが目で読み確認した。

私は七三一部隊員、三年九ヵ月在隊した隊員である。恐らくノモンハン事件当時行われ、細菌戦をお互いにやりあった問題は甚だ少ないのではないか？　細菌戦、毒ガス戦は戦争法規で禁止されているので、このように表面に出た細菌戦は他にはないのではないか。本件記憶を文章にしたのは私は初めての事である。

筆者：溝渕《ミゾブチ》俊《トシ》美《ミ》。私は七三一部隊に配属された現役軍人である。実役年数三年九ヵ月。二十年九月不日、山陰の鳥取に上陸用舟艇（八〇〇トン）。乗船した舟の大多数は三〇〇〇トン船舶に乗船。仙崎に上陸。筆者指揮の部隊員八百名のみ二十年九月、鳥取に上陸。

（平成二十八年八月十七日寄稿）

ここに登場した「ノモンハン事件」とは、一九三九（昭和十四）年五月から同年九月にかけ満洲国とモンゴルの境界線をめぐって起きた紛争である。さらにいえば、一九三〇年代における日本とソ連の国境争いは、まず一九三九年五月から六月にかけて争われた第一次、同年七月から九月に勃発した第二次の二期に分かれる。いうまでもなく、これは日本とソ連の紛争であり、軍事衝突へと拡大したのである。この紛争において、七三一部隊は「細菌」戦を繰り広げた。これに関しては、戦後次々と証言者が現れている。ここで「千葉班」の元隊員の証言を紹介する

彼は石井四郎の出身地の加茂村から「選抜」された隊員であり、「千葉班」の三十名の一人であった。昭和十四（一九三九）年から関東軍七三一部隊の工務班に軍属として勤務していた。あえてここで紹介するのは、当時の「千葉班」を経て七三一部隊の工務班に配属された隊員であったこと。さらに、重要な記録としてここに残した七三一部隊のそれぞれの施設の中でも極秘中の極秘と言われた七・八号棟の「建設」に従事していたことによる。最終的には寧波への細菌戦に出動を命じられていく様を、戦後勇気をもって証言した記録である。

【証言者1・匿名希望】

「昭和十五年七月のある日の夕刻、命令を受けた所属下士官から明晩二十一時三十分に部隊正門前に集合せよとの伝達。目的地も所要期間も任務内容も一切明らかにはされない。だが、我々はそのことには慣れっこになっていた。部隊から外へ出勤、すなわち出張する時はいつもそうだった。出張の当日の朝とか間際になって命令が出されるのである。したがって我々は命令一下、いつでも即座にどこへでも出勤できるよう、身も心も準備におこたりはなかった」

「『千葉班』が完成させた、本部建物のいわゆる中庭に建設された監獄の七、八号棟は、七三一部隊が細

菌戦その他の研究実験を行う際に材料とされた適正スパイすなわち〈マルタ〉を収容する特別の監獄であった。すでに死刑が確定したという中国人、ロシア人などが〈マルタ〉として七三一部隊に送り込まれ、我々の造った七、八号棟に厳重な監視の下に閉じ込められていた。七、八号棟は銃撃にも耐えられるように建造されており、各階、各棟はすべて頑丈な片開きの鋼鉄扉で遮断されていた。その上、七、八号棟のある中庭を取り囲む壁は振り仰ぐほど高く、唯一の中庭からの出口は、これまた鋼鉄の扉と〈マルタ〉監視専門の特別班員によって、守られていた。〈マルタ〉はこの七、八号棟から部隊の各専門研究班に連行され、様々な医学的実験や処置を施され、次々と死んでいったのである。私は『千葉班』が解散された後、前述の工務班に配属された。もともと田舎で一人前の大工として認められていた私だが、しかも不況のどん底にあった内地よりはるかに給料のいい七三一部隊での新たな職場に異存はなかった。工務班の仕事は主に部隊内の修繕、ちょっとした設備の新築、改築、それに修理だった。

ところがしばらくすると、私は工務班のもう一つの仕事を体験することになった。それは〈マルタ〉を使った野外での実験のための設営をすることであった。

それが、部隊本部平房から一三〇キロほどの距離の安達《アンダー》というところである。

そこが通常〈マルタ〉を使って実験を行う野外演習場だったのだ」

別の証言者（匿名者）による「手記」の中にも安達において〈マルタ〉たちが、実験者となった場面が如実に描かれている。重複する箇所もあるがそのまま掲載する。

【証言者2・匿名希望】

「部隊本部から一三〇キロばかりのところにアンダーという実験所があった。その野外演習所といわれるところで二、三の仮小屋が建っているだけの場所に〈マルタ〉を連れて行き縛り付けるのだ。杭や板を地面に穴を掘って立てていくのが我々の仕事だった。

定められた中心からいろいろな距離や角度に立てられた杭に縛り付けられた〈マルタ〉に、様々な実験が試みられた。私が目撃したのは、飛行機による細菌爆弾の投下。これは防毒服を着用させられたのでわかったことであるが、それに地上にセットされた爆弾の医療テストだ。実験終了後の資材の完全な回収も我々の仕事だった。

とにかく実験の痕跡を残してはならなかった。実験直後の現場はひどいものだった。

細菌爆弾の場合はただちに効果があるわけではなかったが、爆弾の場合〈マルタ〉は文字通り飛ばされ、四散していった。私は最初の折、一週間食事が喉を通らなかったのを覚えている。だが、なぜこんなことをという疑問はわかなかった。部隊での教育で〈マルタ〉は人間と思うなとか細菌性の重要性を叩き込まれていたからである。後に残った理屈を超えた感情の痛みも、行動をともにしている軍や他の隊員たちの冷静な態度を見ているうちに自分で押し殺していったように思う。こうして私も二回、三回とアンダーに行くうちに、冷静に任務を遂行できるようになっていたのである。話を元に戻す。明晩七時三十分に部隊正門前に集合せよ、という命令を受けたとき、私はいつものアンダー出張だと思った。ところが、いつもと少し様子が違う。公務班から私が一人だけ行く、というのだ。普通、公務班の場合、野外での設営の規模に応じて人員や道具を用意せねばならない。そのことを下士官に正すと、一個中隊規模の宿泊地を一週間ほどで建設するのだという。そこで私が、公務班で私一人というのでは、少なくとも五、六名の兵隊が作業に必要ですと答えると、じゃあ五、六名出そうとあっさり認められた。

翌日の夜、午後七時半頃、私は部隊の正門へ向かった。服装はいつもの出張時と同じである。夏なので、半袖の国防色の軍属服・ズボン・長靴・軍刀・拳銃そして後頭部に日除け囲いを垂らした軍帽といういでたちである。

人通りの途絶えた正門のところに名前は覚えていないが数人の部隊幹部が立っており、私を含めて十名ほどの隊員がその前に整列した。我々の隊は、隊長の曹長以下兵隊が五、六名、炊事担当一名、それに私で編成されていた。

『曹長以下何々名は、ただ今から出張いたします』

前に出て、申告を済ませると、我々は敬礼をして横に待機していた幌つきのトラックに乗り込んだのである。だがトラックは一台だけ。人員も我々、十名ほど、やはりいつもの出張と勝手が違う。〈マルタ〉の姿はどこにも見えない。夜十時頃に出発した我々のトラックは真っ黒な夜道を走り、ほどなくして止まった。

そこは部隊から二〇キロほど離れた平房駅だった。とにかくいったん乗り込むと降りるまで、どこへやってきたのかわからない。駅のホームにはすでに七両編成ぐらいの貨物列車が入っていた。曹長の命令で、そのうちの一台に乗り込むが、トラックに積み込んできた機材も搬入。天幕シート・小部隊用の石井式濾水機・炊飯用具にあわせ、のこぎりといった工具などである。

有蓋貨車の床に全員が座り込むと、列車は闇の中を走り出した。

鼻をつままれてもわからないほど真っ黒な貨車の中で、我々はとにかく眠るよりほかはなかった。夜が明けた頃、貨車の扉の隙間から夏の白っぽい光が入り込んできて車内の闇を薄めていく。それまでのトコトコという規則正しい振動がガタガタと不規則になり、やがて大きくガッタンと息をつくようにして列車が止まった。

兵曹長が貨車の扉を開けて二、三名の兵隊を連れてホームに降りて行った。残りの者も大急ぎで降りて各自に用を足す。やがてさきの曹長たちが弁当とお茶を抱えて戻ってきた。どうやらここは奉天駅らしい、と誰かが言った。ならば我々は南に向かっていることになる。

再び動き始めた列車の中で、私たちは弁当を広げた。朝鮮の米の銀飯に日本風の煮物や魚がおかずである。生物は一切ない。冷え切っているから部隊での食事とは比べ物にならないが、それでもうまく感じられた、だが、他にすることは何もない。単調な時間が続くと、食事そのものが目的となり、重要な日課に感じられていく。

こうして、我々は朝、昼、晩とすべての食事を弁当に頼ることになる。前もって部隊から最寄りの通過駅に連絡が入っているらしく、食事時になるとさきの曹長たちが弁当を取ってくる。

一度も食いはぐれはなかったが、貨車の扉は閉め切ったままだった。だから昼間は薄明るいが、夜は真っ暗闇だ。列車はさほど早く走るわけでもなく、やはりトコトコという感じである」

ここでは、安達へ向かう道中の詳細な状況が生々しく証言されている。

次に第一次・第二次ノモンハン事件において「防疫給水隊」として出兵した「ロ号棟（マルタ班）担当」の隊員が残した日誌を紹介する。

防疫給水隊は、戦地で日本兵たちが伝染病から身を守るためおよび不可欠な「水」を供給するのが役目であった。この匿名希望者が言うには、防疫の研究と細菌攻撃は一体であり、「防疫給水」と「細菌研究」は硬く結びついているということをあらためて、今の私たちに訴えている。同時に彼は「マルタ実験」を否定するのではないが、その実「防疫給水」の意義がいかなるものかと投げかける。

【証言者3・匿名希望】

「昭和十三（一九三八）年九月から石井部隊に勤務するようになった。昭和十四年六月十八日、第二次ノモンハン事件が勃発するや、石井部隊は、防疫給水隊を順次編成し、第二三師団（小笠原師団）の各部隊に対する防疫給水任務につくことになった。各隊は、防疫斤候班・水質検査班・搬水班・修理班で構成されていた。私はその第一陣、瀬戸軍医大尉、田中・近藤両軍中尉以下、五十数名の瀬戸隊の一員として六月二十一日より九月下旬まで出動した」

「六月二十三日午後三時イビ川上流A地点において、山縣・須見部隊に給水、さらに前進すること八里、先遣隊の酒井・伊勢部隊の野営地B 点河畔において作業給水、十一時第一夜の野営に憩う」

ここではノモンハン戦の最中に必死で給水作業に当たる隊の行動が見えてくる。

「六月二十四日朝七時三十分B点出発。一車両は通信班とともに路を復して須見部隊に給水」と証言が続き、彼らは七月一日ようやく戦線付近に到着している。

「今日はいよいよ戦線だ。感激と興奮で胸が張る。空とも地平線とも見分けかたぬ溶明の中を黒く一条の自動車隊の進出あり（中略）広漠として海の如きホロンバイル大草原に立ちて、いたずらにためらうのみ。

ほどなく師団参謀なども到着。邂逅したるも、誘導指示疑いなしとせず。たちまち砲声連続数発、血を震わす。小銃、機銃の音響もかすかに流れ、戦闘開始に胸を躍らせ、音する位置をめざして突進せり」

こうして戦闘部隊は前線へと突き進み、軍馬はいななき、上官の叫び声さらには飛行機の爆音など激しい戦闘の中をくぐりぬけ、給水部隊も進軍していった。

やがて、火線給水の命令を受け、前線へと向かっていく。進出するほどに味方の惨事に目を奪われる、敵の砲撃により、辺りの草原は燃え広がり煙の中を這いながら突進し、喉の渇きに喘ぐ兵士たちに給水をしながら、ついに火線（戦闘の最前線）地帯へと突入した。すでに息絶えた兵士や寸前の兵士を前に、凄まじいほどの彼の記録は続いていく。

「華と散れる勇士、血に胸、頭、脚を染めて敵を睨む勇士、壮烈というか、まったく言語に絶する尽忠報国の精神の権化、英姿の多きにただ唖然たり。喉渇して声なく、悲愴な面は水を招くのである。負傷者に水を与えるは出血多からしむと硬く止められるも、最後の物として求める声の切なる時、情千々に乱る」

それでも前進を続ける部隊であったが、負傷者は増える一方にあって上官は叫ぶ。

「水を飲んだら死ぬぞ！」軍医も大声で諭す。

「命はいらぬ、たのむ、飲ませてくれ……」

なんという、悲しくも悲壮な光景であろう。

このような苛烈極まりない戦場の中を、少年隊員たちは必死で、敵の弾をかいくぐりながら「水」を背負って小さな体で駆けずり回っていたのだ。こうして、多くの少年たちの命が奪われた。

彼らこそが「幻の少年隊員」たちである。

事件の敗北が迫った八月下旬、約二十名の決死隊が腸チフス菌その他の胃腸系統の病原体をハルハ河に散布したといわれる。

第５章　生体実験

昭和十二（一九三七）年七月七日に起こった日本側の挑発とも言われている「盧溝橋事件」を機に、中国東北地方への侵略を全面的に開始した日本軍は、石井四郎隊長率いる第七三一部隊によって人体実験および細菌戦研究を本格的に行うようになった。昭和十三（一九三八）年六月三十日には、ハルビン郊外にある平房周辺を「軍事特別地域」とした。昭和十六（一九四一）年八月には秘匿名として「第七三一部隊」と称した。また、長春でも同様に「第一〇〇部隊」を設置して、動物実験のみならず人体実験が行われた。ここでも、少年たちが任務に駆り出されている。

故郷からの便りが救い

第３章にも登場したが、柄沢班に配属された二期生の森下清人は、故郷大分からの便りを心待ちにしていた。だがふるさとから届く手紙はすべて検閲されており、文章のほとんどが黒塗りで消されていた。しかし自分への安否を気遣う部分だけはなぜか残されていたと言う。遠く離れた一人息子だけに、検閲者も親心が身に染みたのだろうか。

まだまだ少年の域からは抜け出せない森下にとって、郷里からの便りが唯一の救いだった。たとえ不都合な箇所が黒塗りされていようとも、森下はかじり付くようにその手紙を読んだ。部隊ではそんな少年たちの心情を無視していたわけではない。「親心」に背かぬよう、班長たちは少年隊の家族に対し、折に触れ彼らについての近況報告をしている。

「ロ号棟の一階で、培養用に小さな動物を飼育して、ペストならペスト、チフスならチフスをその動物に打ちます。そこから抽出した菌を〈マルタ〉に打つわけです。その〈マルタ〉を隔離室に入れて死ぬまで観察するのです」

「ロ号棟」とは、つまり〈マルタ〉が収容されている七、八号棟のことである。建物を上空から見るとカタカナの「ロ」に似ていることからそう呼ばれていた。一階には、先述したようにトロッコの線路が引いてあった。柄沢班は一階すべてを使っていた。

培養にはリンゴなどの果物も使用した。リンゴは冷凍し、その中に細菌を入れていたのだ。隊員が万が一、ピペットで細菌が注入されたリンゴを食べて亡くなると「戦病死」となる。実際にリンゴを食べてペスト菌で亡くなった隊員もいた。施設の中には診療所があったが、大きな手術などで入院するときはハルビンの陸軍病院に移された。死亡した場合は、骨にして内地（日本）に返還された。

幻の少年隊　田村良雄の告白

さてこの章でも第2章で登場した「幻の少年隊」田村良雄の証言を再び紹介したい。

昭和十六（一九四一）年八月、移動命令が発令された七三一部隊の隊長石井四郎は、一時日本に帰国した。この年、「幻の少年隊」は解散。田村はちょうどその頃、体調を悪化させて入院中だった。退院後「防疫給水部」に戻ると、少年たちの多くが、南方の各防疫給水部に転属していることを知った。

田村によると、入隊した年は平房での彼らの宿舎は建設の途中だった。ところが到着すると、すでに先遣隊がいた。その多くが少年だった。その彼らが「第一棟」と称する建物に収容されていて、田村らはそこに合流したという。田村は彼らを「前期少年隊」とし、後から来た自分たちを「後期少年隊」と位置付けた。つまり「幻の少年隊」は前・後期に分けて募集されていたことから、確かに田村の証言には矛盾がない。なぜなら陸軍においては「軍属」と称し、徴兵年齢に満たない少年たちを募集した事実があるからだ。

季節は夏になった。ある夜のこと、外からの騒々しい音に田村たちは目を覚ました。帯剣や軍靴の音、さらに鎖をひきずるような音が聞こえた。

「〈マルタ〉が来たんだよ」

仲間の一人がそう言った。自分の兄がすでに七三一部隊に配属されていたことから、彼は音を聞いて容易に想像がついたようだ。

田村はこの時初めて〈マルタ〉という言葉を聞き、連行される中国人の存在を知ることになる。彼らは秘密裏に平房に連れて来られ「特別班」に収容された。その責任者が隊長石井四郎の次兄剛男だった。

南方の戦地に向かった仲間たちに取り残された格好で、田村は第四部第一課柄沢班に「雇員」として、化学兵器取扱者として残留した。第四部とは、細菌の大量生産をはじめ、ノミや乾燥細菌（細菌を冷凍・乾燥）を作る部隊である。

柄沢班に入るには「特別班出入許可証」が必要であり、入場用に写真付きのカードが用意されていた。「いつ入って、いつ出たのか」を記録するためのものだった。

昭和十六（一九四一）年秋。この頃になると、隊員の数が増えていく。それまでは石井四郎が直接指揮をとっていた。七三一部隊は前年の昭和十五年に「部課制」をもうけ、さらなる強化を図っていた。

昭和十八（一九四三）年、田村は次第に自身の身に危険が迫るのを感じていた。それはこの年に生体実験や生体解剖に加わったからだ。

田村の生体解剖に関する記憶を紹介する。

「中国の人たちにこのようなことを何回かやりました。また、私は仲間のハラワタがなくなった身体を焼いたことがあります。日本人隊員だ、ということで扱いに差があったと思うんですが、焼却炉では焼かないで、私たちが焼きました。非常に簡単に焼けちゃったんです。そのはずなんです。内臓が全然ない。頭の中もないんです」（前掲『七三一部隊』三四頁）

そしてこの時田村は決意する。たとえこのような実験が「国」のためと言われようが、自分が少年隊であり、七三一部隊員であったとしても、隊を出ようと。

折から、青年層の隊員の中でも部隊からの脱走が相次いでいた。だが血眼になって探し出そうとする憲兵によって、彼らは最後には見つけられ、平房へと送り返されていたのも田村は知っていた。そこで、班長の柄沢にこの班を辞めたいと申し出た。このような行為は本来許されるはずもないだろうが、田村が「幻の少年隊」ゆえ、柄沢とて対処に苦慮したはずであろう。柄沢は田村に次のように提案した。

「辞めさせることはできない。休暇をやるから日本に一回帰ってこい。指示は後でする」

柄沢に言われるがまま、田村は一時、帰国した。

田村が再び平房に戻ると、鞍山の昭和鐵工所にある物理研究室への配属命令が下った。ここでは放射能で「鉱石」の分析をしていた。ここで田村はしばらく放射能について教育を受けている。その後、満州医科大学の精神神経科に技術員として配属された。そこで彼は主に脊髄液の検査をやっていたと言う。

「この間にも、私は罪を犯しています」（同上三四頁）と田村は自白するが、その詳細はわからない。

そして田村はこの時期、二度の生体実験にも参加したという。


「第四部第一課課長鈴木少佐の助手として、第一部特別班で、監禁されていた五名の抗日地下工作員に生体実験を行った。目的は生体の防御力および毒ガスの実験を行うことだった。私は宇野誠（柄沢班技手）とともに、特別班に監禁されていた抗日工作員五名からそれぞれ血液五ccを採取し、免疫値を測定した。翌日、そのうちの四人に四種類のワクチンを注射し、一週間後にもう一度注射した」（同上八一～八二頁）

結果、そのうちの三名が三日後に死亡。死体は第一部笠原班で解剖をした後、特別班に設けられた火葬場で焼いている。残りの二人は重症のペスト患者として、診察部の生体実験用とされ、殺害されたと証言している。

「一九四三年一月中旬、私は柄沢班技手の宇野誠に協力し、第四部第一課課長の鈴木啓之少佐の指揮のもとで、特別班に監禁されていた二人の抗日地下工作員に毒力実験を行うため、〇・〇三グラムのペスト菌を含有した液、一ccを注射した。三日後に全員重症のペストにかかったため、殺害した」(同上八二頁)

生体実験を施行した班を第一部および第二部に限定すべきではない、と田村は言う。なぜなら第四部第一課長柄沢班は、頻繁に「診察部」との行き来があった。また、昭和十六(一九四一)年頃、柄沢班の細谷博中尉や雇員の石井恒久が特別班に出入りしているのを目撃している。

そして田村の証言には、さらに重要な内容も織り込まれていた。

「一九三九年六月初旬、(旧)関東軍司令官梅津美次郎大将が部隊を巡視した際、部隊の機密室の隣室において部隊長石井四郎の命令を受け、庶務主任飯田大尉の指導のもとで、二名の少年隊員が陳列室を設置することになり、私もこれに参加した。すなわち各部門から運んできた石井式細菌大量生産用培養缶、石井・勝矢式毒物探知機、衛生濾水器、各種の爆弾破片、各種弾頭、中国各地の気候図、生体実験中の写真などを陳列した」(同上二四頁)

幻の少年隊員たちの任務は、主として細菌の大量生産を行うことだった。これに田村は六回参加したという。

「細菌生産には決まった時期があるので、暇な時には細菌学と野戦防疫給水の教育を受けた。少年隊の中

では特定の仕事がなく、緊急の仕事があったときに各部に配属されて仕事をした」（同上二四頁）

さらに田村は酷い体験をしている。

同期入隊の一人に同郷の須藤義男がいた。田村は満州への出発の朝、義男と仲良くやってね、と義男の母親が小さな果物籠を渡してくれた光景が忘れられない。あろうことか、その義男が真っ裸で解剖台に上げられていたのだ。

田村は、病に倒れた須藤はてっきりハルビンの病院で治療を受けていると思っていた。少佐は「すべて天皇陛下のためだ」と言う。そして須藤の体を消毒せよ、と田村に命じた。「少しでも躊躇しようものなら、あるいは私が須藤を助けてやりたいと思ったら、次は私の番だ……」と田村は思った。

楽にしてもらえると思い込んでいるはずの須藤は訴えた。

「班長殿、すみません。胸が苦しいのです。早くしてください」

何度も叫ぶ須藤。だが、田村は何もできない。

「早くやれ！」

大木少佐は田村に怒鳴りまくる。「須藤、成仏してくれ……」

いきなり田村は刀を逆手に握ると、須藤の上体を刺した。

「助けてくれ!!」

須藤が絞るような叫び声を上げげた。

それから数時間後、第四部第一課の研究室では先の少佐が顕微鏡の下で飛び回るペスト菌を覗きながら言った。

「これじゃだめだ、もっともっと動物体を通過させて毒力を強めろ、いいか！」
さらに生体実験を強制した（滝谷二郎『殺戮工廠・七三一部隊』一七九頁）。
あまりにも酷い仕打ちの軍医たちを前に、田村は須藤の全身に消毒剤を浴びせ、アルコールをガブ飲みさせたという。やがて、菌に侵された須藤の体はぐったりし、やがて息の根が止まった。

昭和十四（一九三九）年三月、七三一部隊航空班長増田美積少佐が石井の出身地の千葉一帯で少年たちの募集に当たった。この時増田少佐は、少年たちに将来は衛生将校に昇進すべく育成し、さらには大学教育を受けさせるという好条件を提示して勧誘に当たった。こうした状況で田村は少年隊に応募し、合格の後入隊した。昭和十七（一九四二）年の第一期生から四期生まで、少年たちは田村と同じように好条件を提示され、夢を抱いて応募したのだ。

先の田村良雄による証言は一九五六年九月八日、撫順戦犯管理所における告白であった。引き続き、さらなる供述をしている。

少年隊ではほかにどんなことをしたのか、と訊かれて彼は、「一九四〇年五月初旬から、約一ヵ月の間、田中班（後期は第二部篠田班）班長田中技師の命令で、同班員六名、後期少年隊員約十八名は、毎日ノミの繁殖とネズミの飼育を行った。この期間に、約九〇〇ccのノミと二千匹のネズミを繁殖させた。これらはいずれも南京地区に送られ、中国人民の殺害に利用された」と答えている。この間、百合好太郎・田村義雄といった偽名の使用、さらには、田村自身が犯した数回の「強姦」の罪まで告白に及んだ。それは一九四三年中、中国人女性に対する、三度にわたる蛮行の「罪禍」を述べたものである。

モンスターに囚われた少年たち

福岡出身の小笠原明については、３章で述べた。少年隊二期生の小笠原は昭和十八（一九四三）年四月に入隊し、後に田中班に配属されている。

昭和十三（一九三八）年、日中戦争において彼の長兄が徐州で戦死している。渡満後彼は、入隊までの間に「軍人勅諭」を暗記せよと命令を受ける。地方出身者が覚えるにはそれなりの時間を要する。彼はかろうじて覚えたものの、同期生の中でできなかった少年は折檻された。

「半殺しにされるほど殴られたり、古年兵に踏んだり蹴ったりされていじめられていました」

（ハル・ゴールド『証言・七三一部隊の真相――生体実験の全貌と戦後謀略の軌跡』）

部隊では生体実験のことを「攻撃」と呼び、一月に四十～六十人の人たちを生体実験に使ったという。生体実験や細菌戦の実践に参加した少年たちは、虐殺のような現場を目の当たりにして酒を煽るようになった、と戦後再会した仲間たちから聞かされている。小笠原の所属する田中班には、始終黒い煙が上がる死体焼却炉があった。そして岡本班に配属された上級生たちは毎日「死体処理」をさせられていると嘆いた。

「死体解剖した後は、きれいに縫合しなくてはならないのに切りっぱなしで、少年隊員とか雇員たちに死体処理を押しつけていました」

小笠原は、昭和五十六（一九八一）年に発行した森村誠一の『悪魔の飽食』（KADOKAWA）において「少年隊」に触れていることを知った吉村班の吉村が「元少年隊員が七三一部隊で殺人を行ったといっている。少年隊員や下級隊員がいっていることが信用できるか……そういうことはやっていない」と新聞紙上で語っているのを見て、非常に憤りを感じたという（同上二〇四頁）。

ここに証言してくれた「少年」たちは、日本軍の「モンスター」に囚われた経験の持ち主である。

戦前から敗戦まで、連綿と続いてきた「天皇制国家主義」は、昭和二十（一九四五）年八月十五日の敗戦によって滅び去った。だが青年期に入る前に少年たちが加担せざるを得なかった七三一部隊の「残虐性」、もっと言えば「暴略・暴力」に対する戦時下の嗜好そのものが、戦争が生み出した「モンスター」とも言えるのではないか。

ナチス・ドイツはユダヤ人を、そして日本軍は中国人を犠牲にした。その背景には「人種差別的偏向」が存在することは紛れもない。

あの頃の「少年」たちは年老いて自らの記憶力の衰えを感じつつ、優位な立場に立たされた時に生じる「歯止めなき」時代が再びやってきた時、自分たち同様の「犠牲者」が登場することを危惧する。彼らは、身をもって戦争の「狂気」に支配された経験者なのだ。

旧日本軍第七三一部隊を「日本国家の犯罪」とするだけでは、問題の解決になるはずもない。人間のうちに潜む残忍性・暴力嗜好・権力志向を背景に、「人種差別的偏向」は決してドイツ人や日本人だけに存在したのではなく、またそれらは戦史上だけのものでもない。

人に秘められた「狂気」とは、いつの時代も日々の中で「裏と表」が一体なのだ。それをあの時代の「少年」たちが、彼らなりに錯乱した日常の中で洞察したことを率直に語った意義は大きい。二度と再び、権力の支配下において、「ある信念」による全体主義的な脅威の組織が編成されてはならないと心から願う少年たちの強い思いを、改めて噛みしめていただきたい。

今さらに、匿名を強く希望した元「少年隊」の声は重い。

「防衛のための生体実験ならば、侵略した中国ではなく日本国内で行うべきだった」

確かに当時は伝染病の発症を抑えられなかった時代ではあったが、石井四郎をはじめ各班の指導者たちは、伝染病から国民を守り、世界人類を救うなどと、恐怖の実験に後退りする少年たちを前に大ボラを吹いた。それは単なる大人たちの言い逃れ、つまり自己弁護に過ぎないことに敗戦直後気づいたとうなだれる「少年」たちの姿は悲哀の域を超える。

実験に疲弊する少年たち

動物実験の悲惨な現場に立ち合った一期生の少年もいる。そこで彼は採血された馬の変化を目の当たりにした。それは特殊な「注射針」を採血用のポンプの先に取り付け、馬の動脈から血を抜いていくという実験である。

血を抜かれる馬は次第に全身を震わせていく。それでも、隊員は作業を続けざるを得ない。やがて馬は立つのが危うくなり、大地に倒れ込んでしまう。腹部辺りを波打たせながら嘶《いなな》くことさえもできない。すべての血を抜かれた馬は痩せ細っていた。少年は貧しい農家の子どもであり、馬は身近な動物だった。その残酷な死にざまにしばらくはうなされ続けた、と言う。

関東軍には「第七三一部隊」と並び「第一〇〇部隊」の存在があった。一〇〇部隊では、主として動物の実験を行った。表向きは、日本国内から移送される「軍馬」の防疫と保護を目的としていた。だが、実態は言うまでもなく「細菌戦」準備のためであった。

日本軍にとって馬は、兵士や軍事品の輸送に欠かせない存在だった。特に「満州馬」には「鼻疽《ビソ》」菌が大流行した時期があり、関東軍は昭和十一（一九三六）年、新京（長春）の寛城子《かんじょうし》に病馬防疫廠を設立。昭和十三（一九三八）年、「南満州鉄道」の路線線上にある孟家屯《もうかとん》に移る。昭和十六（一九四一）年になると、部隊名称を「第一〇〇部隊」とした。そこでは、軍用に不要となった軍馬を飼って、実験を行い「血清製造用動物」として利用していたのだ。先の鼻疽菌や炭疽《たんそ》菌に冒される伝染病は日本には存在せず、満州では治療方法もなく、馬を殺戮する以外なかったのである。

さかのぼるが、一〇〇部隊が創設された翌十二（一九三七）年七月、盧溝橋事件を発端として「日中戦争」が勃発。ソ満国境でも衝突が起こり、日本はソ連砲艦を撃沈させる。以前から日本軍はスターリン率いるソ連を「（仮想）敵国」とみなしていた。

スターリンは「日中戦争」の展開を前に同年八月、蒋介石率いる国民党の間で「中ソ不可侵条約」を締結する。以後、両国は対日本軍への強化をはかり、ソ連は中国への軍事支援を増大させていった。

これを機に、昭和十三（一九三八）年七月、ソ満国境にある張鼓峰《ちょうこほう》で激突。続く昭和十四（一九三九）年五月に始まるノモンハン事件において関東軍はソ連に大敗したのである。この間の戦いによって「幻の少年隊」から多くの犠牲が出たことは先にも述べた。

ところが関東軍の強硬路線はますますエスカレートする。

昭和十六（一九四一）年、日本の同盟国ドイツが「独ソ不可侵条約」を破りソ連に侵攻。これに応じるかのように関東軍は、ウラル山脈を境として日本・ドイツ両国でシベリアを分割しようと目論んだのである。ただし日本は直ちに侵攻しないが準備体制は整えるとして、関東軍特種大演習（関特演）を実施した。この時の兵士およそ七十万人、軍馬十四万頭。ここで忘れてならないのは、日本はこの時「日ソ中立条約」を締結中だったことである。

戦後日本国内において、ソ連が一方的に「中立条約」を破ったとの評判が広がり、「ソ連＝悪党」のイメージを国民に印象づけた。ところがその実、一九四一年以来、時期を見計らいいつでも関東軍はこの条約を破り、シベリアを獲得する心づもりがあったのだ。

一期生の少年が日の当たりにした「馬」の実験は、やがて〈マルタ〉の採血実験へとつながっていく。

「実習先で見たこと、聞いたことは絶対に口にするな」

上官に繰り返し、しつこく言われていた。だが、彼らは宿舎に戻るとその日のことはひっそりと仲間内では報告するのが常だった。彼らにとって実験とは、好奇心以上に「恐怖」以外の何ものでもなかった。こうした実習に耐えきれず、寝台に横たわりぼんやりと屋根の一点を見つめる少年や、ついには部屋に引きこもる少年もいたという。

そして少年たちも、時に実験台にさせられている。

細菌戦開始のために、一期生の多くが「吉村班」へと集合がかかった。吉村班は凍傷を主な研究テーマとする。この時少年たちがあらかじめ用意された氷入りの大きな水槽の中に、手を突っ込むという実験が待っていたのだ。

「突っ込め！」という合図に、彼らは恐る恐る両手を突っ込んでいく。その冷たさにどんどんと体温は下がっていく。そしてその水槽にはいくつもの電気コードを引いてあった。

「どんな具合だ？」と吉村班の隊員が聞く。

「皮膚がピリピリ……と」

「それだけか？」少年たちはさらに問われる。

「寒さは感じませんが、皮膚がとても痛いです……」

この間、吉村班では彼らの反応を逐一記入している。

やがて実験は終了した。少年たちはこれが〈マルタ〉ならばきっとまだ続けていたに違いないと思ったという。

実験から解放された後、少年たちには甘くて美味しい「おやつ」のご褒美が待っていた。

吉村班ではほかにも、少年たちを実験台にしたケースが見られる。

　ある少年隊員は、班の研究室で作った「おまんじゅう」を勧められ、喜んでぱくついた。すると、二日後に発熱。しかも食事が受けつけられない。彼はだるさと不調を訴えた。

　診察した軍医が白血球を調べると、激しく低下していることに驚いた。直ちに彼は浜江にある診療部へと送り込まれる。そこで腸チフスに感染していることが判明。当時の腸チフス患者は、発熱すると命を落とすと言われていた。その夜から四三～四度の高熱に襲われ、脳炎状態となった。彼は幻覚症状を発症し、失神を繰り返した。

　彼にはすでに「黄色い液体」が射たれていた。この時、第七三一部隊の研究成果によるチフスに対抗するためのワクチンなのだ、と聞かされていた。

「黄色い液体の注射とは、人間の体に限界の高熱を生じさせるところにあったのだ」と、彼は後年語っている。

　退院が迫ったある日、教育部長の西中佐が見舞いに訪れた。

「まんじゅうを盗んで食ったあげく、皆に迷惑をかけて」と冗談ともつかぬ「叱られ方」に、「わざと食べさせられたのですよ」と心の中で反発したという。

　四ヵ月の入院生活を経て、彼は無事に回復して平房に戻ったが、不思議なことに、以前にも増して「頭脳明晰」になったという。それを聞いた先の軍医は「脳内部の毒素や体内の雑菌が焼き尽くされて消滅した」と彼に説明している。

　航空隊での実験もあった。

　少年隊が施設内の飛行場で、行進を命じられた日のことである。そこに、爆撃機が飛んできた。機は次第に低空飛行となり、行進する少年たちにまで接近してきたのである。するといきなり機体の後部から何らかの

「霧」が吹き出され、爆撃機は旋回しつつ彼らの頭上にその「霧」を浴びせながら飛び去った。上着は後その後少年たちは、野外テントの中に用意された「高圧滅菌車」へと実習用の上着を放り込んだ。上着は後に返却されたが、使用できないほど変形していたという。それは「ペスト菌を空からばら撒く準備」という実験内容であった。

命を奪われるほどではないが、少年隊員たちも実験材料にされていたことは明らかである。

ここまで七三一部隊が行った生体実験による「細菌研究」標本の作成に、少年たちが関わってきたことを述べてきたが、第二次世界大戦の同盟国であったドイツでも同様の実験が行われていた。ただし、その目的は七三一部隊とは全く違っていた。

ナチス・ドイツによるユダヤ人を犠牲として作った「標本」には、「人種的研究」という極めて不可解かつ稀な方針のもとで行われていた。ナチス・ドイツの時代に「アーネンエルベ」という国家的研究機関が存在した。それはアーリア人種に関する歴史学を中心とする研究機関であり、ナチス親衛隊の指導者であったハインリヒ・ヒムラーを中心に設立された。そのような彼らの人種的研究のために、多くのユダヤ人が殺害されたのだ。

一九四五年五月八日、ナチス・ドイツは無条件降伏した。

そして、連合国のアメリカ・イギリス・フランス・ソ連の四ヵ国によるナチス指導者に対するニュルンベルグ国際軍事裁判が行われたことは冒頭でも書いた。以後、十二回（一九四六年十月～四九年四月）にわたり、裁判が継続されていたことはあまり知られていない。ここで重要となるのは、第一回のニュルンベルク裁判は戦

146

勝四ヵ国で裁かれたが、以後の継続裁判はアメリカ一国によって行われたことである。

裁判で真っ先に開廷したのが「医師裁判」である。

ここで、裁かれたのは（1）強制収容所における生体実験、（2）価値なき命（精神障害者）に対する安楽死殺人、が主な内容であった。二十三名の被告たちが起訴された。ただし、双子の子どもたちを使って実験を行ったジョゼフ・メンゲレは、敗戦後に逃亡したため含まれていない。当然ながらアーネンエルベ研究所において生体実験を行ったヴォルフラム・ジーヴァスは含まれている。

一九三九年、アドルフ・ヒトラーを総統とするナチス・ドイツは、ポーランド侵攻を機にヨーロッパに戦火を拡大させていった。だが、一九四三年初頭、ソ連・スターリングラードでの大敗北によってその戦力は次第に衰えを見せ始める。またこの年には南部ロシア戦線でも敗北を重ねた。続いて、九月には同盟国イタリアが全面降伏。これによって翌十月に連合国の外務大臣がモスクワに集結し、ナチス・ドイツに対する戦後処理および戦争犯罪人の処罰を決定した。

一九四四年になるとソ連は少しずつ東ヨーロッパへと戦線を拡大していくと同時に、ナチス収容所を解放していった。その過程において、ナチスの残虐性が明るみとなり、国際法廷の重要性が叫ばれるようになる。イギリスのロンドンでは「連合国戦争犯罪人委員会」が設立され、一九四五年八月八日には早くも「ヨーロッパ枢軸国重大戦争犯罪人の追訴および処罰に関する協定」が結ばれ、その第六条には戦争犯罪と並び「平和に対する罪」、さらには「人道に対する罪」という新しいカテゴリーを規定した。これによって、「ニュルンベルグ国際軍事裁判」の終結後の一九四五年十二月二十日に公布された「連合国管理理事会法第一〇号」は継続裁判においての法理となっていった。

これによって、先の二十三名はどのように裁かれていったのか。焦点となったのは生体実験および安楽死とされた犠牲者たちの死は「殺人」とみなされるのかどうかである。もっと言えば、生体実験の犠牲者たちが生体実験によって「殺された」のか。あるいは生体実験そのものが犠牲者の「死」を含んでのことであったのかどうかである。つまりここで裁かれようとしている二十三名の医師および医学関係者の「医療行為」そのものが、繰り返されてきた生体実験によって発展してきたものであることを再認識させられたのである。結果として言えるのは、生体実験そのものを裁こうとするのであれば、それは医学界全体の裁きへと拡大していくものであった。

だが、ここで裁かれたのは当然ながら「殺人」であった。彼らの弁護士は、単に「医学実験」でしかなかったと主張した。つまり無実の証明である。当然それは無理な話だった。たとえ障害児たちが病院に収容されていても、「安楽死」させたなどという弁明は許されるものではない。考えなければならないのは、日本軍第七三一部隊の生体実験もナチス・ドイツのそれも、国家的犯罪であり、組織的犯罪であることだ。それらは医師の医学的な関心や出世志向を利用し、国家や軍の指導的立場にあった人物によって実施されてきたことなのである。

第七三一部隊における生体実験は、関東軍の指揮下で行われたことは紛れもない事実である。なぜなら部隊そのものが関東軍司令部の直轄であったからだ。それによって、すべての研究・生体実験そのものも司令部の命令なしにはできなかったのである。もっと言おう。日本陸軍を統括したのは「陸軍省」であり、いうまでもなくその上には「天皇」の存在があった。ナチス・ドイツの生体実験はユダヤ人強制収容所で行われてきた。しかし実質的な統括者はナチス親衛隊指導者であるヒムラーであり、実験は彼の許可・命令のもとにあった。しかし最終決定権を持っているのはヒトラーであり、功罪の最終責任は彼にある。そうであるならば、第七三一部隊における生体実験の最終責任者は「天皇」となる。

だからこそ、その責任を隠蔽するために、彼らは先の章でも述べてきたソ連侵攻後の施設破壊などすべての証拠を残さないため、何が何でもやらねばならなかったのだ。

７３１部隊・７部隊・南棟（ﾊﾙﾋﾟﾝ市内）要図

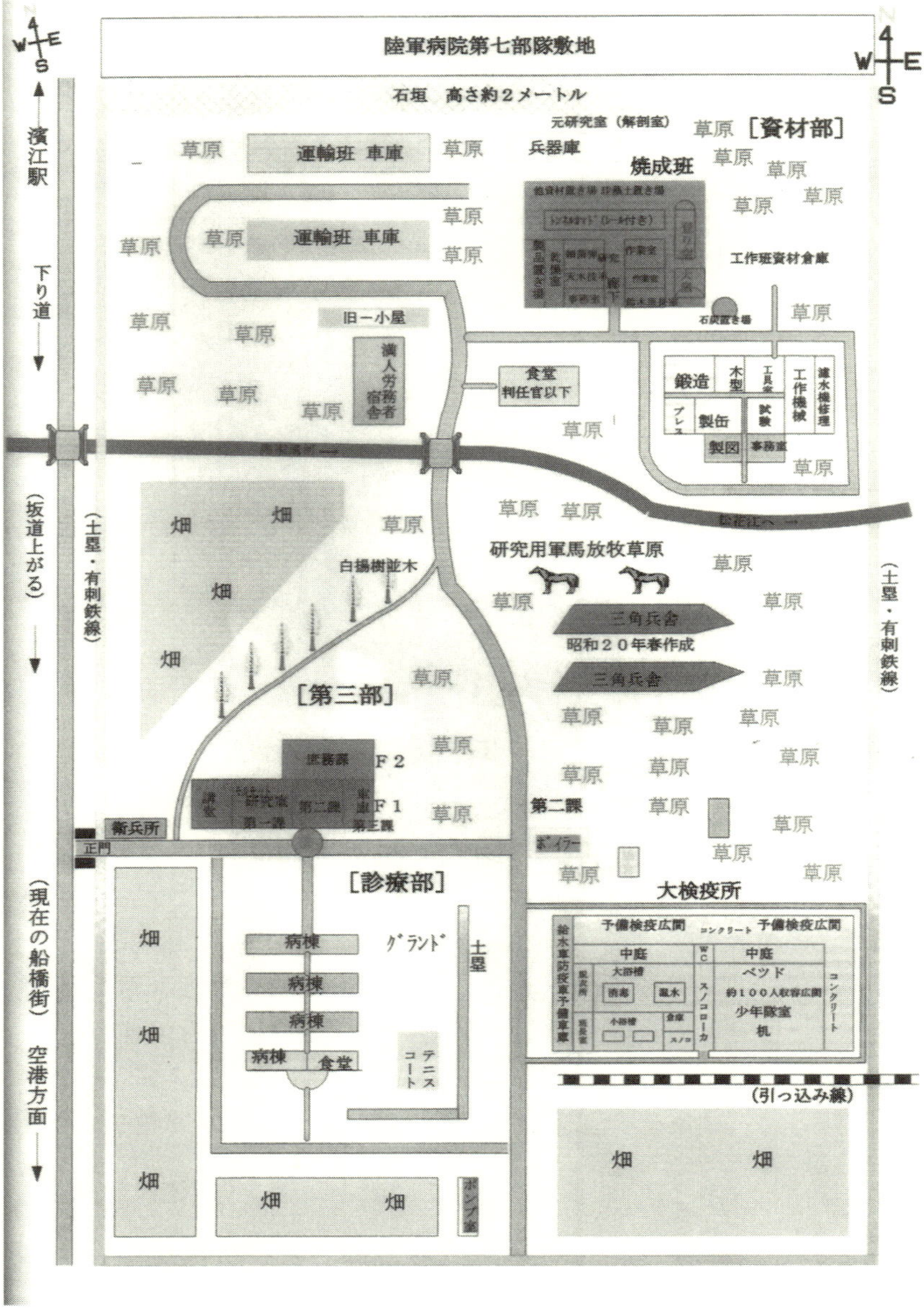

（房友会作成）

第６章　南棟——七三一部隊のもうひとつの施設

少年隊第一期生は、無事に一年間の教育を終えると、それぞれ各専門班へと配属された。以後、少年たちの身分は「見習い技術員」となる。

彼らのほとんどが、平房の施設内で助手から始めていった。その中でも異彩を放っていたのが平房から離れた「南棟《なんとう》」と呼ばれる施設だった。そこは第七三一部隊が創設される以前から存在した研究機関である。かつてハルビン駐屯軍の第七部隊であった陸軍病院の南側に建設されたことから、そのように呼ばれたという。

そこに第一期生の「特別班」二十四名が、配属されたのは昭和十八（一九四三）年五月一日のことである。

南棟施設

少年隊二十四名は、第七三一部隊の組織上、第三部の所属であり「濾水機」の製造を専門とした。責任者部長は江口軍医中佐である。各配属内容は以下の通りである。

第一課

病理検査（消化器系）がテーマであり、診療部入院患者の伝染病および菌保有者の菌を調べることが主な研究であった。モルモットやウサギなど動物の飼育室や滅菌室もあった。ここには三人の少年隊員が従事した。

第二課

水質検査が主な研究であり、二人の少年隊員が従事した。ここは、別名「理化学研究室」とも呼ばれ、化学研究室のような雰囲気があった。少年たちは、ここで化学記号や化学方程式の学習をはじめ化学分析などに没頭した。

第三課

①濾水班、②運輸班、③給水班に分かれていた。

①濾水班は「濾水機」によって強力なタービンポンプで自動車に給水し、無菌・無毒の浄化水を生産した。

②運輸班は平房本部との連絡輸送や物資輸送、さらには野戦給水部編成車両の管理と整備などを担当した。

③給水班は軍用犬による給水などを担当した。

資材部

①工作班、②焼成班に分かれていた。

①工作班は「濾水機」の開発研究や部隊医療器具の試作、さらには野戦部隊からの各種「濾水機」の修理、他の部隊から来る注文も請け負っていた。

②焼成班は、珪藻土の素焼きの「濾水管」の製造をした。当時は連続焼き上げのトンネル窯がすでに準備されていた。

診療部　永山大佐
　歯科技工士として長沼久夫、児島辰彦などが配属。
　ここには、翌十九（一九四四）年教育部を終了した二期生の十名も配属。一期生の須永鬼久太によると、彼らは一期生たちの助手を務める傍ら身の回りの世話などしたという。ここでは各部隊からの伝染病患者が主として入院していた。そして、若い看護婦たちが赤十字から派遣されていた。

　須永は他の四名とともに資材部の焼成班に配属が決まり、細菌爆弾をつめる「陶器」を製造。そこには、鈴木という責任者が彼らを待ち受けていた。彼らが製造した「陶器」は、おが屑とともに「ノミ」が詰め込まれ、細菌戦の兵器となる。
　南棟は、平房の施設とは違って、スケールは大きくはなかった。一期生二十四名は、それぞれの班に分かれ各部所での任務に励んでいく。以下、戦後彼ら一期生が残した記録をもとに軍務内容を追ってみることにする。

「ハルビン駐屯地の陸軍病院（七部隊）の南に位置し、七三一部隊創設以前、おそらく上層部は七部隊に籍を置いていたが、だんだん手狭となり隣接する南の空き地を確保して徐々に整備し、できあがった研究設備を南棟と呼び習わしたものが、そのまま定着したのであろう」

　南棟資材部工作班に所属した浅井（旧磯村）大和らは南棟についてこう記す。本部隊第三部に所属する彼らは、その規則に沿って日常生活を送っていた。

「毎夕の点呼には日直肩章をさげた見習い士官がやってきた。広大な敷地の東側にあった駐屯軍演習所より鉄道線路が引き込んである検疫所（防疫所）の一角にあり、この検疫所は有事の際は野戦で汚染された我が軍がこの鉄道で第三部の滅菌消毒所に至り、装具を取った」（浅井の証言）

少年隊の宿舎も防疫所、つまり検疫所の一角に設けられた。検疫所とは、野戦において汚染され、列車で運ばれた関東軍兵士たちを消毒するところである。

彼らは素っ裸になって消毒槽に浸かり、シャワーを浴び、最後は温水槽に入るようになっていた。除菌された兵士たちは、再び消毒済みの軍服や兵器を身につけて出動していった。このような施設も一兵卒と士官では区別されていた。少年たちが入浴する際は、士官用の消毒槽を利用した。彼らは大喜びで水を一杯に張り、スチームバルブを全開にして湯を沸かしたのである。四方三メートルはあった湯船の中で体を温めた。平房の入浴とは雲泥の差であった。しかも、入浴後には「洗濯」も許された。

宿泊部屋は広く、各自ベッドを並べてもまだスペースに余裕があった。しかもスチームによる暖房で部屋は暖められていた。少年たちは一年間の厳しく窮屈な平房本部の軍隊式生活から解放され、休日の外出も自由にできた。本部にいた時は、外出許可日に門限を気にしながら列車に乗り込むなど不自由だったことを思えば、南棟での生活は伸び伸びしたものだったに違いない。

各班の班長も、少年たちの面倒見がよく、ハルビン神社での祭りには夕食後に皆と出かけた。南棟の少年たちは、平房で頑張る仲間たちへの申し訳なさでいっぱいだったという。

南棟撤収

そんな少年たちに、撤収は突然やってきた。

「昭和二十（一九四五）年八月九日午前二時をまわった頃だった」

皆が熟睡しているとき、闇の中で耳をつんざくような爆音がした。驚いて飛び起きると、窓の外では「火花」が上がっていた。各班の班長が大声で「空襲だ」と口々に叫んだ。外へ出て、少年たちは次々に壕に飛び込んだ。アメリカ軍がついにやって来たのかと観念する者もいた。

ところが夜が明ける頃には、辺りは静まっていた。彼らは順次、配属先に出かける準備をした。するとどこかで、「ソ連が参戦」し、攻撃が続いているとの報せが入る。命令通りに動かなければならないが、少年たちはいかようにも動けない。程なく、関東軍司令部から情報が届いた。

「空襲警報。演習にあらず」というではないか。少年たちは驚いた。ハルビンのあちこちがソ連機によって爆撃されている。

翌八月十日、ついに撤収命令が下された。

しかしこの時、四期生たちには各班の研究設備や機械などを破壊せよ、との命令が下った。下っただけで事の詳細は知らされていない。彼らは何が何だかわからないまま、顕微鏡やフラスコ、鏡に至るまで研究に使われたすべての器具を叩き壊して回った。どの部屋もそれらの破片で足の踏み場もない有様となる。だが、どれだけ叩き壊そうとしても簡単にできるはずもない。しかも、建物の窓ガラスは壊してはならないのだ。

混乱する南棟の光景を、郡司陽子の著書において如実に伝える証言がある。

昭和二十年八月八日、ソ連政府は、対日宣戦布告を発し、同九日午前零時を期して、満州にいっせいに進攻を開始した。

八月九日、ハルビン市街は、ソ連軍の空襲を受け、ハルビン駅貨物ホームにも爆弾が落ちた。日本の敗北は必至、というよりも、もはや既定の事実であった。

当時、関東軍第七三一部隊（石井部隊）総務部調査課情報班（翻訳班の改組。この間の事情については、後に述べる）の班長であったわたしは、関東軍司令部第四課に、官制名秘匿のまま嘱託として出向し、ハルピンで勤務していた。階級は、陸軍軍医中尉である。

ハルピンには、南棟の陸軍病院に隣接した地点に石井部隊のいわゆる第三部（石井式濾水機製造所および関東軍保菌者隔離病棟）、吉林街にある事務連絡所および宿舎の白樺寮、それに市内各所の隊員宿舎、といった石井部隊関係の施設・機関があった。

ソ連軍進攻の関東軍の混乱は、日を追って激しさを増していった。石井部隊も例外ではなかった。八月十一日頃までには、ハルピン市内にいた隊員家族および隊員の大半は、市郊外約二〇キロの平房にある部隊本部へ集結し終わっていた。そこから専用引込線に用意された特別列車で朝鮮へ南下、日本へ引き揚げて行った。八月十二日だったと思う、遠く平房の方向から、鈍い爆発音と黒煙があがるのが、ハルピン市内から認められた。石井部隊本部の最後であった。

わたしは、そんななかで、白樺寮の庭で、残された厖大な部隊関係の極秘書類の焼却を行なっていた。

（郡司陽子『【真相】石井細菌戦部隊――極秘任務を遂行した隊員たちの証言』二〇八―九頁）

補足すれば、隊員たちは十二日となっているが少年隊員は十三日から始まっている。同時に、各場所で石井四郎が声を張り上げ、「七三一部隊の秘密はどこまでも守り通せ、軍事秘密を漏らすようなものには、どこまでも追跡する」と言い放った時期も撤収の短い期間においての時系は、異なっている。

さて、須永鬼久太のいた焼成班では細菌戦に備え、ペスト菌など、細菌に感染させたノミを入れる陶器製の爆弾容器を製造していた。自分たちがこねた型を八〇〇℃近くの温度でまず素焼きにする。冷めた後に釉薬を塗り込み、次に一二〇〇℃近くの温度で焼き固めた。

少年たちは、なぜそのようなものを作り、何のために使われようとしているのか、当初は理解していなかった。やがて、自分たちの役目が何であったのかを知るのだが、毎日黙々とそれらを焼くしかなかった。そしてこの日、少年たちは自分たちで焼いた容器を片っ端から壊していったのである。

同じ頃、平房本部の少年隊員にも命令が出ていた。風雲急を告げる「特別建設隊」の結成である。平房でも急転直下の破壊工作が始まっていたのだ。

十一日の夕刻、破壊作業をなんとか終えた「南棟」の少年たちは、わずかな私物と「帯剣」を身に付け、用意されたトラックに乗り込んだ。ある少年隊員は、歩兵銃に実弾五発を込めて車に乗り込んだという。トラックは猛スピードでハルビンの街を抜け、平房の本部へと向かった。本部に近づくにつれ、施設内の飛行場辺りから、砲兵隊が本部施設に向かって「砲弾」を撃ち、破壊工作を続けているのが見えた。

この夜、彼らは施設内の収納庫に入り、一夜を明かしている。南棟の作業を終え、急ぎ本部に戻った須永によると、爆破専門の工兵隊が中心になって破壊していたという。

「工兵隊が各施設を爆破していったことは事実なんですが、七号棟と八号棟に捕虜がいましたね。『マルタ』と呼ばれた人たちです。彼らを処理したのは工兵隊ではないんです。もっといえば、我々一期生は関与してはいないと思います。例えば柿沢班だとかいろんな班がございましたよね。そこの医療品だとか、医療器具といったものを破壊する作業が自分たちの任務でしたから。とにかく全部破壊する、ハンマーを手に」

それが、彼ら南棟組への命令であった。作業にはほぼ二日を要したが、その間に部隊の引き込み線には貨車が入っていた。軍医や医療関係者たちが乗り込んでいくのを目にしている。翌十二日、少年隊の破壊活動は続いていた。この日の夜は大講堂に集合してみんなで仮眠をとったのだが、爆破作業の振動が激しく、あれほど頑丈で荘厳だった講堂の天井から照明器具やガラスが落下し、床は粉々になったガラスの破片で足の踏み場もなくなっていた。やがて電気は止まり、大講堂の中は真っ暗になった……。

写真班

南棟は平房本部から離れていたこともあり、「総務部調査課写真班」がしばしば訪れていた。七三一部隊の各班に比べ、多くの資料が現存している。元少年隊員からの写真提供もあり、ここに掲載することにした。それに合わせ、少年たちの日常にファインダーを向けた写真班の証言を紹介しておきたい。証言は、昭和五十七（一九八二）年に出版された郡司陽子による『【真相】石井細菌戦部隊――極秘任務を遂行した隊員たちの証言』より抜粋した。

「おいこら、写真班は、なぜ写さぬのか」

すさまじい臭気を放つ解剖死体の前で、一瞬ひるんだ私を、叱りつけるように、あるいは励ますように怒鳴りつける石井部隊長の「ぬ」を強調する特徴ある声が、いまも耳もとで聞こえるような気がする。奇妙にしわがれてはいたが、力強い声だった。そう、匿名を前提に語る写真班員の、これまで書いてきた少年隊員たちのバインダーを通して見る日常とは「対極」にあるかのような証言には、軍人たちの視点とのわずかな違いから興味をそそるものがある。そんな彼の所見は次のようになる。

1　ロ号棟に入ることを許される隊員たちはどれほどいたのだろうか

各班に所属する軍医たち。三十名を超えない人数の特別班員。それにわずかな幹部。彼らですら、顔写真の照合を含む、厳しい点検を受けていた。

その中に、少年隊員たちが含まれていたのだ。

2　部隊の勤務が縦割りになっており、隊員たちはその任務を専門化され、かつ特定されていた点を考えれば、秘密保持のための配慮だったともいえる。

自分たちの班で研究したことなどはよくわかっていても、他の班のこととなると聞き伝えでしかなかったこと。

3　秘密の現場に立ち会った隊員ほど、その事実を発表したがらない。部隊に勤務している間中、嫌というほど秘密保持の命令を叩き込まれ、また、その目撃した内容が、常識的にも公表を憚るものであったとすれば、これもまた当然のことである。

この写真班員は、昭和十三（一九三八）年迫る徴兵検査をなんとか逃れようとしていた矢先、朝鮮で巡査の募集があることを知る。合格すれば徴兵が猶予される特権があった。彼は合格したものの、そのよこしまな動機に気づいた行政の係官の怒りを買い、あろうことか満州関東軍独立守備隊第七大隊へ入営させられる羽目になった。昭和十四（一九三九）年三月一日のことである。徴兵に取られまいと巡査試験を受けたことが、七三一部隊への入隊へとつながっていったのである。

幼い頃からカメラいじりが大好きだった。それを見込んだ第七大隊の上官が、七三一部隊への転属に当たり、彼を誘ったのが入隊の理由であった。彼はすでに石井部隊のことは知っていた。ただしそれは「石井式濾水機」で名を馳せていたことによるものだ。このとき、彼は上官に一つの条件を出した。なんとか除隊できないものか、そうすれば軍属として勤務を遂行すると約束した。昭和十七（一九四二）年のことである。一週間の一時帰国が認められ、満州に戻った際にはハルビンの吉林街にある「白樺寮」に宿泊した。当時からそこには秘密連絡機関であると言われていた隊員の家族たちが居住していた。

「写真班」は、正門を通るとすぐにある本部第一棟の一階にあった。

玄関から右に折れると、廊下を挟み、左手が「憲兵詰所」、右手が「兵要地誌班」。それから先は左右ともに「写真班」が占めていた。そこで朝八時半から夕方五時までの勤務が課され、時には安達実験所に出かけたり、夜中に行われる実験の撮影に繰り出すこともあったという。用意された機材は豊富にあり、野外撮影は一六ミリのムービーカメラを使用、屋内はドイツ製の写真機で撮影している。

こうした機材で彼らは〈マルタ〉を撮影し、実験現場ではムービーカメラを回し続けたのである。

〈マルタ〉はスパイや死刑囚だと説明されていた。貨車やトラックで施設に運ばれ、裏口を通り、まず七棟へと入ってくる。その二階の奥に「レントゲン室」があり、ここで彼らを素っ裸にして、全身写真を撮る。彼らの胸には墨汁で四桁の囚人番号が記入されていた。

写真班担当者が全身写真を撮り始めるのは昭和十七年五月のことであり、その時には〈マルタ〉は〇七〇〇番台となっていた。番号は〇一〇〇から始まったと言われるので、この時点で六百人以上の〈マルタ〉が収容されていたことになる。十八年末には一〇〇〇番台に到達、十九年には一五〇〇番台になって、再び〇一〇〇からの囚人番号に戻ったと言う。

そして、終戦の昭和二十（一九四五）年七月には一四〇〇番台となっていた。つまり収容された〈マルタ〉の数はおよそ三千人であったといわれる。出版物や資料で発表されている数とほぼ一致したことになる。

彼は当初、一回ごとに〈マルタ〉を十数名ずつ撮影していたが、やがてその数は増え、一度に数十人撮影することとなった。撮影が終わった二、三日後には胸部レントゲン撮影が待っていた。それは各研究班が、実験を前にしてそれぞれの健康状態などを正確に把握するためであったと考えられる。

その後、〈マルタ〉たちは七、八棟の四畳半ほどの狭い檻房に数人単位で収容されていった。彼は実験現場へ記録を撮影するためにカメラやムービーカメラを持って出向いていった。それは七、八棟内であり、各研究室の時もあった。野外での撮影も行った。

撮影する側からの目撃証言を少年隊員たちの記憶とともに追って行くことにする。

1　研究室に〈マルタ〉を連れてくる。

2　〈マルタ〉は手術台に寝かし、麻酔をかける。

3　やがてこめかみの辺りを切開する。
4　続いて頭蓋骨に穴を開ける。
5　〈マルタ〉がときおり痙攣を起こす。
6　細菌感染した〈マルタ〉は必ず八号棟に収容される。

6の段階で、写真班は〈マルタ〉の病状経過を撮影し記録していく。細菌の潜伏期間は一、二日であるはずが、中には三日経って初めて発病する例もあった。

発熱すると四二～四三℃を超えた。彼らは意識不明になり、皮膚は黒く変色し、やがて死亡。その後、彼らを収容した檻房は完全に消毒された。「遺体」は解剖室、もしくは発症状況によってはそのまま焼却場へと直行した。

このような流れを写真班はくまなく撮影しなければならず、とりわけ「解剖室」での撮影は耐え難いものがあったと言う。「内臓を撮れ」と命令されれば「接写レンズ」をつけて、解剖死体の部分に接近しなければならないという残酷な作業もあった。同時に臭気も尋常ではない。

彼の証言によって、少年たちが目の当たりにした解剖室での光景はありありと蘇がえる。

1　まず、皮膚を切り裂く。すると脂肪がみえてくる。
2　脂肪をさらに切り開く。すると胸膜や腹膜があらわれる。
3　胸膜と腹膜を破る。この時、異臭が遺体周辺に広がり始める。

４　腸を取り出す。すると「糞尿」の臭いが突きあげる。

段階に応じて、写真班はひたすらシャッターを切るのだ。

しかし彼は、生体実験そのもの、つまり生きたままの〈マルタ〉での実験は撮影しなかったという。撮影は死者の解剖に限られていた。そしてその傍には、いつも配属された少年隊員たちがいた。

安達の野外実験所に立ち会った少年たちの表情も写真に収めている。

部隊では、「細菌爆弾」の効果を多方面から調査するために、陶器製の爆弾が開発されており、どの高度から投下し爆発させるべきか、またそれはどれほどの感染力があるものかを調査するために、繰り返し実験が行われていた。

「実験の行われる場所は、だいたい決まっていて、そこには、土塀でつくられた仮宿泊施設と二、三の掘建小屋みたいなものが建てられていた」

この掘建小屋が〈マルタ〉の檻房であり、内部には鉄格子がはめられている。この中で彼らはまんじりともせず夜を明かしたことだろうと想像、回想する。

「この小屋で、わたしはある時、ちょっとした失敗をした。その晩、私は、掘建小屋の中の『マルタ』を撮ろうとしていた。小屋の中に入ったが、暗すぎて、マグネシウム式のフラッシュをたかねばとても無理である。そこで、フラッシュを持った左手を鉄格子の内部に差し入れてカメラを構えた。そのとたん、『ギュッ』という感じで、わたしの手が『マルタ』につかまれてしまったのだ。しまった！　たいへんなことになった、とわたしは青くなった。どうせ殺されるのだから、と覚悟した。『マルタ』が、道連れにわたしを殺すつもりになっても不思議はない。その場には他に隊員はいない。手を引き抜かれ、殺されると思った次の瞬間、その『マルタ』は、ニヤッと笑うと、『フラッシュを持ってやるよ』と言うではないか。ほっとすると同時に汗が吹きだし、わたしはほうほうのていで引き上げたのだった」

〈マルタ〉を標的に、航空機から陶器製の爆弾を投下し、破裂させる実験。

足枷をはめられたまま、さらにロープで杭に縛り付けられた彼らを、一六ミリのムービーカメラで撮る作業。

やがて、空から爆音が聞こえてくる。

「高度何メートル……投下！」

鈍い音とともに、ひとまとめになった〈マルタ〉たちの頭の上に、煙霧がかかった。

「わたしは、懸命にネジをまきまき、フイルムを回す」

しばらくすると霧が晴れる。接近して、被害の状況を撮影する。

実験が済むと、素早く撤収した。施設へと帰った〈マルタ〉たちは、やがて発病後、死亡した。研究室では、〈マルタ〉が立った位置に合わせて、被害の程度などを記録撮影している。

この証言者は、〈マルタ〉の研究現場に記録撮影係として立ち会い、一部始終を記録した。ゆえに、大人の視点で語られており、彼の証言は一級の資料というほかない。

「初めて安達にいったとき、わたしは本部で目撃した光景とは比較にならないほどのショックを受けた。それは、医学研究的な雰囲気をとりはらった、いわば、処刑場的な風景だったからかもしれない」

航空班でも撮影の命令が下った。

本部東側に位置する、航空班の滑走路の終わりから五、六キロのところに「窪地」があった。その中に、アンペラで周囲を囲んだ一〇〇坪ほどの「空間」が見られた。

そこは何人も近づくことが許されなかった場所である。実はここが「毒ガス研究部隊」となっていたのだ。チチハルにある「関東軍第五一六部隊」の秘密裏研究場である。この部隊に七三一部隊は全面協力していた。

「足枷をはめられ、後手に縛られて、ガラスのボックスの中の『マルタ』がまるで、いねむりでもするように、次第に顔をうつむけていく。五分ぐらいたったただろうか。『マルタ』は一つ大きな『あくび』のような息をして、ガクッとこうべを垂れる。絶命の瞬間だ」

こうして一回の実験で四、五人の〈マルタ〉を次々と殺すのである。このような流れをカメラは追い続けるのだ。

「カメラを構えているわたしの近くの壁に、小鳥（カナリアだったか、ジュウシマツだったか）を入れた鳥籠がぶら下げてあった」

何のためかと近くの将校に尋ねると、籠の中の鳥の様子に注意せよ、とのことだった。そして、鳥に異常が見られたら、すぐにその場を離れろと、言われた。

「この時の実験で使用されたのは、無色無臭の窒息性毒ガスであり、この実験設備では毒ガスが漏れる恐れがあるということだった」

第7章　敗戦に向かって

昭和二十（一九四五）年八月九日午前〇時、ソ連軍の満州そして朝鮮への侵攻が始まった。総司令官はワレンスキー元帥である。およそ百五十万の軍隊が五千五百台の戦車、五千機の空軍飛行機、さらには海軍艦艇とともに、怒涛のように国境を越えてきた。ソ連は大興安嶺山脈を越え、朝鮮半島の沿岸地区に進み、満州（中国東北地方一帯）の都市へと爆撃を開始。

これに先んじて同年四月、ソ連は日本との「中立条約」を破棄していた。二月にクリミア半島のヤルタ会談において、アメリカ、イギリスが日本への参戦を促すようにソ連に圧力をかけたからだ。ソ連はナチス・ドイツの降伏から三ヵ月以内に対日戦争に参戦することを余儀なくされた。一九四六年四月に失効するはずの「中立条約」は、ソ連の決断によって再締結の道を断たれた。

一九四五年四月五日、ソ連から正式に条約破棄の通告を受けた日本軍（関東軍）は、対ソ戦へ粛々と準備を進めていた。すでに同盟国のイタリアは降伏し、ナチス・ドイツも無条件降伏するのは時間の問題であった。第七三一部隊の産みの親である石井四郎は、一時期部隊長の座を北野政次に譲っていたが、これを機にその座に再び返り咲き、細菌兵器生産の指揮を取るようになっていく。

混乱の渦中にあった少年たちは、いかに行動したのか？

ソ連侵攻　一九四五年八月九日

ソ連との「中立条約」が破棄されたことを受け、石井はペスト菌をはじめとする細菌戦の準備を急いでいた。ノミを付着させるためのネズミを満州一帯からだけでなく、日本国内からも送らせていた。日本でもネズミをかき集めていたという事実には驚く他ないが、実際に埼玉県春日部の農村においては、戦前から医学実験用のネズミを販売する飼育組合が組織化されており、この頃軍医学校などに納入していた。少年隊員の中には、ソ連の侵攻直前に開拓団までネズミを受け取りに行かされた者もあった。そこで周辺の空気が一変していることを感じ取った少年もいる。

ここで山下久（当初仮名）の記録を紹介する。

「昭和二十年七月、部隊の命により同期生と二人で阿城開拓団へ捕鼠のため一ヵ月余り出張し、暑い夏は部隊にいなかった。捕鼠も終わりになった頃大八車に荷物を乗せて撤収中に馬が暴走し、荷物と一緒に転落して、体調を崩し平房に戻って後は療養していた」

ソ連の参戦を知った夜、施設の上空をソ連機が何度も飛来していた。施設の飛行場には何機もの飛行機があったにもかかわらず、飛び立つ気配はなかった。八月十日の夜、ハルビン駅辺りが空襲を受けた。まるで花火のようであり、燃えさかる炎を部隊の外からぼんやりと眺めた。そして、部隊は大混乱となる。

「兵舎では、私物整理に追われ、部隊関係のものは皆焼却せよと命令された」

わずかな所持品を手に、持っていけないものは倉庫に残し、火を放った。最後に自ら通った研究室に入ると、そこは器具破壊の真っ最中だった。愛用していたオリンパスの顕微鏡を壊すときは胸が痛んだという。

一九四五年五月、ナチス・ドイツはベルリンにおいてソ連軍に無条件降伏。それによって日本の敗戦は決定的となる。六月に沖縄戦で敗北し、八月六日には広島、九日には長崎への原爆投下である。国内のこうした事態の中、ソ連軍が八月九日に満州へと侵攻してきたことで、関東軍は混乱に陥っていく。司令部は、まず細菌戦準備の証拠隠滅を図り、同時に〈マルタ〉全員の殺害を「独断専行」。そしてそれは急ピッチで行わなければならなかったのである。

ソ連侵攻の際、少年隊員たちは何をしていたのか？

第二期生小笠原明と第四期生清水英男の証言を紹介する。

【証言者・二期生　小笠原明】

第二期生の小笠原明によると、ソ連軍が入ってきたその夜、突然辺りが明るくなった。それは昼間以上の明るさだった。聞けばソ連軍の飛行機がばら撒いた照明弾だという。

「部隊はすぐに撤退する。全員、木一本、草一本残さず、証拠隠滅するのだ」

上官が少年たちの宿舎に飛び込んできて、大声で怒鳴った。いきなりの事態に少年たちは混乱。もちろん一部を除く士官たちとて、同じように混乱していた。

「私（小笠原）は盲腸の手術をして時間が経っていなく体の動きがにぶかったため数体運ぶのが精一杯だった。その時には命令でやったのだ、だからなんにも感じはしなかった。だが、こんなに多くの人を焼き殺さなければいけないのか……」

そんな疑問が頭をもたげた。小笠原はまだ徴兵検査にも満たない未成年である。だが一方で、「これが戦争なんだ」と思った。第一期生から第四期生までおそらく自分のように、自らそう言い聞かせ作業を続けているのだ。病み上がりの体だが、なんとか作業に打ち込まなければならないと奮起した。

【証言者・四期生　清水英男】

終章で詳しく述べることになるが、筆者が「少年隊員」として、直接その声を聞くことができた一人に四期生の清水英男がいる。おそらく「ロ号棟」証拠隠滅の実態を証言できる最後の人ではないだろうか。インタビューの一部をここで紹介する。

筆者　入隊されたのは一九四五年四月でしたね。そうなると平房の施設におられたのは三ヵ月あまりとなりますが、ソ連侵攻後の施設の混乱についてご記憶があればお願いします。

清水　八月十二日のことでした。本部のそばに二十～三十体の焼かれた遺骨があり、我々はそれを袋に詰めたのです。それ以外のことは、あまりにも慌ただしくて、覚えがありません。

筆者　二十〜三十人分の遺骨とは、少ないですね……。

すると、清水はすかさず答えた。

清水　あなたの本には、三百体近くの遺骨とありましたが……。

そう言って、書斎から私の著書を取り出した。しっかりと読んでくださっているのだと、不思議な感動が胸に押し寄せた。

筆者　遺骨を詰めた後の作業はありましたか？

清水　それから、上官に呼ばれました。

しばし沈黙の後ポツリと、清水はそう言った。

清水　上官のところに行くと、すでに三人の仲間が待っていました。もちろん彼らの名前はわかりません。

そう言って、清水は口をつぐんだ。

筆者としては彼の遺体数における疑問に答えなければならなかった。こちらの手元にある資料には、（後にその数が問題となる）膨大な〈マルタ〉犠牲者の数が書かれてあり、そして私の手元には実際に現場を目にした少年隊員たちの証言も届いていた。大混乱の中で、手の空いた少年たちは命令によって、手当たり次第に遺体を処理したことは確かである。その数に違いがあっても、少年たちにほぼ焼却が終わった遺骨を「身を震わせながら」袋に詰めさせるなどさせてはならないことであった。だが、清水にはこの後に、さらに過酷な任務が待ち受けていたのである。それについては後述する。

ソ連侵攻後の混乱ぶりを少年たちの記録からうかがい知ることはできた。しかしすでに八月九日以前の段階で、ソ連軍がソ満と満州の国境の吉林省の通化において粛々と兵力を固めているとの報告は、大本営参謀本部にも届いていた。つまり、日本側はソ連の侵攻がすぐそこまで迫っていることを認識していたのである。だからこそ、関東軍は通化に「兵站基地」を建設し、牡丹江には主力部隊を配置していた。通化には資材や極秘文書をはじめ七三一部隊に関わるものも移送されている。知らなかったのは一般兵士や満州一帯の市民や「開拓団員」たちだけだった。この作戦は関東軍によって「ロ号作戦」と呼ばれ、少年隊も駆り出されていたという事実が残っている。

ロ号作戦――ソ満国境通化にて

「ロ号作戦」に参加した一期生金田康志の手記をここで紹介する。彼は当時、第二部無線班の所属であった。

【証言者・一期生　金田康志】

「六月に入った頃だったと思う。無線班に出勤すると『ロ号作戦』に参加するよう下命がありました」

なぜ自分が、と驚いたが、彼だけが選ばれた理由の説明はなかった。ただ、同期たちとは違って安達の演習にも参加した経験がなかったので、命令に従ったという。

作戦に参加したのは、少年隊から全部で六名。ここでも秘密厳守が彼らの鉄則である。二度と会えないかもしれない同期たちに静かに別れを告げ、ハルビン駅に向かって行った。駅周辺はいつも以上に賑わしいが、どことなく違和感を感じた。新京に向かう汽車の中では、満州人がこれまでになく威張っている空気が漂っている。静かにしていなければならないと、少年たちは互いに言い聞かせた。

通化に到着するとすぐに、作戦準備が開始されていく。

汽車から通化駅のプラットホームに膨大な機材、そして食料を下ろしたり、山積みになった荷物をトラックに積んだりする作業をし、少年たちは息つく暇もなかった。通化だけでなく、さらに山側からの攻撃に備えて山の奥深くまで入っていくことで、積み込み作業は寝る間も惜しむほど強行なものとなっていた。

作業中、少年たちは通化駅前にある満州鉄道職員用の寮で寝泊まりした。ようやく積み込み作業が落ち着くと、次は作戦本部のある東通化へと移動。ここで、金田少年は岡本班の指揮下の作業に組み込まれた。

岡本班は東通化から「通化省孤園」に移動。そこには五道江採炭所という炭鉱があった。少年たちは職員寮に寝泊まりしながら命令を待った。五道江採炭所は、五道江駅から離れた高台にあった。背後には山脈が連なっている。彼らはこの辺りを襲っていた匪賊や馬賊の襲撃に思いを馳せたが、今や敵を迎え撃つ準備で手一杯で惨めな心境だった。

そんなある日、おそらく八月十日頃、第一部の青木大将が突然、彼らの前に姿を現し、大声で叫んだ。

「ソ連が参戦した。牡丹江、ハイラル支部は玉砕だ！」

そこで初めて、少年たちは満州全土が戦場となっていることを知り、激しい戦慄を覚えた。彼らは、直ちに通化の作戦本部へと引き上げた。八月十五日の敗戦を知らされたのも、この地であった。


プロローグでも述べたが、関東軍司令官山田乙三は昭和十九（一九四四）年七月のサイパン陥落で東條英機内閣が退陣したことにより、梅津美治郎大将に代わり関東軍総司令官に就任した。彼はソ連の参戦を知ると、敵軍をくいとめるべく関東軍総司令部を満州と朝鮮の間を結ぶ鉄道の拠点となった通化へと撤退させ、持久戦を図ろうとしたが失敗する。すでにソ連軍は国境を越えて関東軍を撃破していたのである。山田は日本の無条件降伏から四日後の八月十九日、極東ソ連軍総司令官ワレンスキーとの停戦交渉を進めようとしたが、すべてが手遅れだった。彼は直ちに捕虜となり、ハバロフスクの将校用収容所に収監された。


ソ連が侵攻した八月九日、平房施設になぜか総責任者の石井四郎はいなかった。午前〇時からソ連空軍の爆撃が満州一帯で始まっていたのに、である。

先の「ロ号作戦」の指揮に当たったことで、新京にある関東軍総司令部から平房に打電した暗号による電報を解読できる者がいなかったため、施設ではそのまま放置されたとの説もある。そう考えれば、侵攻当日の昼間、平房施設が比較的平穏だったことは頷ける。隊員たちの混乱は、この日の夜から始まっているからだ。

八月十日の朝、関東軍司令部は石井四郎に出頭命令を下した。

だが先に述べたように、前日から石井は平房にいなかったため、代わりに副官が司令部に赴いている。しかし、総司令官の山田の姿はなかった。司令部は陸軍本部や東北全土からの緊急連絡などで混乱していた。

石井の代わりの副官に司令部はこう告げた。

「ソ連軍の進撃は全速力、関東軍各部隊は南下し転戦開始。七三一部隊においては、独断専行してよし」

それが関東軍司令部の命令であった。

「独断専行」とは、なんと無責任な命令であろうか。関東軍は、この軍事姿勢によってノモンハン事件を引き起こし、多くの少年たちの命を奪い去った。柳条湖事件に始まる数々の謀略によって、中国東北地方への侵略を開始し勢力を拡大していったのである。しかも日本政府を無視したあげくにである。つまり関東軍のいう「独断専行」の方針とは、一にも二にも逃亡せよということなのだ。この命令を受けた副官はすぐに平房に戻った。それは八月十日の昼のことである。

平房施設の指導者たちはこの命令に慌てふためいた。真っ先に彼らの頭によぎったのは〈マルタ〉の存在だ。つまり「生体実験」の所業が世界に知れわたり、自分たち七三一部隊の軍医・軍属・少年隊に至るまで全員が「戦争犯罪人」としての「罪」を問われることになるからだ。こうして隊長の石井が不在の中で、緊急会議が開かれたのだ。

これ以降どうしたのか、大半の隊員たちは正確なことは覚えていない。少年たちも同様である。実際に撤収作業が始まるのはいつだったのか、各部隊・各班の記憶は「南棟」のそれとは違って曖昧である。ただ一致するのは、「部隊は混乱状況の極みにあった」ということだけである。

隠滅――ロ号棟

「八月十一日、営内の兵隊と少年隊が動員され、『マルタ』を中庭の壕で焼くように命令された。今まで絶対の秘密にされていたロ号棟へ、少年隊を引きつれて入っていった。私たちが見たものは、薄暗い獄内に息絶えている『マルタ』であった。特別班が青酸ガスか何かで殺したものであろう。としても特別班だけでは手に負えず、私たちがかりだされたのであった。はじめて獄のなかを覗き、ゴロゴロ死んでいる『マルタ』を見た少年隊はショックを受け、青ざめて座り込んでしまうものもいた。しかし、事態は急を要していた。明日にもソ連軍が入ってくるという事態の中で、感染の心配なんて言ってられなかった。軍手をしただけで、鎖を引きずって階段をごとごとと引きおろす。あるいは二階の窓から、次々と放り投げたりした」

（越定男『日の丸は紅い泪に――第七三一部隊員告白記』一五五～六頁）

越定男の著書の中でこのように語っているのは、著者と同じ運輸班に配属されていた小林寿雄である。隊員たちも証拠隠滅を図るために爆破工作用の穴をハンマーとノミで開けていた。また運輸班の隊員たちは車両を壊していた。車のエンジンを叩き潰し、タイヤには釘を打つなどして、二度と使えないように徹底して破壊した。そして施設に関東軍の工兵隊が乗り込んできた。彼らはコンクリート造りの建物にダイナマイトを仕掛け、壊し始めた。徹底した証拠隠滅作戦だった。その光景を前に、少年たちはいよいよ撤退が近づいているると感じた。

ここに「ロ号棟」の破壊を命じられた少年の証言が残されている。

「八月十日のことだった。上官からただちに、ロ号（七、八号）棟において証拠隠滅に入れと命じられ、即座に向かった。息を切らして到着すると、すでに他班から（少年）隊員たちが集まっていた。その数は総勢四十人ほどであったと記憶する。『マルタ』の処分に監獄へと入った」

そこで隊員の一人が、〈マルタ〉に向かって、次のように伝えた。

「メーファーズ（没法子：中国語で「仕方がない」という意味）だ……と。いよいよ最後の時がきた。このロープでそれぞれに首を縛って自分で死んでくれ」

もはや観念したのであろうか。中国人の〈マルタ〉たちは本当に素直で従順であった。彼らは黙ってロープを受け取ると、扉の窓の鉄枠にロープをかけて次々と自ら首を縛り死んでいった。その光景は、今までの彼らの「死にざま」とは明らかに違っていた。この日、この時に至るまで〈マルタ〉は人体実験の材料であり、実験後の彼らの死は、「物」としての終わりであった。しかしながら、目の前の〈マルタ〉は自らの手で命を絶っていく……。それは絶望の中から、わずかに掴みとることができた一瞬の「人間」としての「自由意志」であったのかもしれない。中国人と思われる〈マルタ〉の八割近くは、こうして自ら果てていったのだ。

だが、残りの〈マルタ〉はこのような人生の終焉を拒否した。とりわけ白系ロシア人の〈マルタ〉は少年たちの前で激しい抵抗を見せた。だが、彼らにも一刻の猶予は残っていなかった。

先の隊員は、ついに毒ガスの専門家を呼んだ。軍医たちは、普段「チビ」と呼ぶ毒ガスを〈マルタ〉の頭にかけていった。監獄の中で、彼らはパタパタと倒れていく……。それでもなお死にきれず、独房のドアから廊下に出て暴れるロシア人もいた。最後まで彼らの「生きる」切望を前に、少年たちは震撼した。

しかし、命令はこれだけでは終わらなかった。本当の意味での処理はそれからであった。

恐怖に慄きながらようやく「ロ号棟」を出ると、中庭に大きな穴が準備されていた。その中に直径一五センチぐらいの丸い鉄棒が、巨大なバーベキュー網のように何本も平行に並べられていた。

「何をするのだろう……」と、さらに恐怖を感じながらその場に立ちすくんだ。すると、隊員たちが二人一組になって〈マルタ〉の遺体を中庭に運び出してきた。

どうするつもりだと凝視している我々の前で、隊員たちは〈マルタ〉の死体を鉄の棒の上に並べ始めたのである。少年たちは呆然となりながらも、言われるままにまるで薪をくべるように「遺体」を並べていった。

やっと、終わった。どこかで安堵する彼らの前で大人たちは「遺体」に重油のような燃料を撒き散らした。

それから何の躊躇もなく火を放ったのである。あっという間に青い炎とともに黒煙が上がった。

〈マルタ〉はこのようにして、次から次へと鉄棒の網に乗せられ焼かれていったのだ。
十四、五歳の少年では、それまで家族が「茶毘《たび》」にふされる経験もほとんどなかったであろう。少年たちは、この世の地獄を前に、思わずあとずさりした。
「私たちの作業は二百体はあったと思う。鉄棒の上で火に焼かれていく『マルタ』の死体は、まるで生きているかのようにうごめいてもいた。じゅうじゅうと脂肪の焼ける音がする……次第に目も開けられない、息もつけないほどの黒煙が辺りに充満していた。マスクをする余裕すらなかった自分たちだが、直ちに言いしれぬほどの異臭が襲ってきた。この臭いばかりは、今になってもそれを表す適切な言葉が見つからない」

この時の黒煙と異臭は、現場から遠く離れた隊員宿舎や家族にも認められている。とにかく酷い臭気だったという。

火が燻り始める頃、ふと辺りを見回してみた。

見知った顔がそこかしこにあった。だが、不思議なことにロ号棟勤務の特別隊員の顔は見当たらなかった。彼らの大半は〈マルタ〉の処理から外されたのだろうか。いうまでもなく、〈マルタ〉の処理は七三一部隊の証拠隠滅の中でも特に完璧でなければならなかったはず。その隠滅作業を少年たちや二十歳に満たない隊員たちが携わったこと。その背景には少しでも体格の良い青年たちは、施設や物体破壊に回されたことにある。

だが、少年たちが忍耐強く作業したことによって、七三一部隊に〈マルタ〉と称される捕虜たちが存在していたという事実は跡形もなく消滅していった。部隊にとって最優先させなければならなかった「証拠隠滅」作戦に、少年たちが関わったことは紛れもない事実であるということを忘れてはならない。

ほぼ、火は消えた。

焼き尽くされた〈マルタ〉の骨は穴の底や鉄の棒の上に散乱していた。このまま放置したり、埋めたりするわけにはいかないはずだ。

「どうするのだろう」と、ヒソヒソ仲間と話していた。

するとどうだろう、タイミングよくボイラー室の脇に積まれている石炭の殻が運び込まれてきた。自分たちは次は何をさせられるのだろう、と思っていたところへ隊員の怒号が飛んだ。

「シャベルを取れ！　『マルタ』の骨をすくって石炭の殻を混ぜ合わせるのだ！」

飛んできた命令に、ほぼ思考が停止した。しかし少年たちは作業を始めていった。

「それからが、たまらなかった。混ぜ合わせた骨と石炭の殻を足で砕き粉々にしたのだ。夜の闇が近づく中、我々はただ黙々と働いた。黒っぽい粉末状になった『遺骨』は、もはや誰が見ても識別できないようになった」

この粉末に化した遺骨を、用意されたかますの袋に詰めていくのも少年たちの仕事であった。あっという間に、どんどん袋はたまっていく。その袋を他の隊員が担いで中庭を出ていく。そっと彼らの動きを追ってみると、外で待機するトラックにそれらを積み込んでいた。

何台ものトラックに積み込まれた稲藁で編まれたかますの袋は、本部から遠くのスンガリー（松花江）まで運ばれ、川に放り込まれたのだ。

「これで『マルタ』の痕跡はこの世から消し去られてしまった」

遺体の証拠隠滅の最終過程はこのようにして終了した。少年たちは「恐怖と戦慄」に揺れながら、この日の作業を終えたのだった。

八月十二日、彼らは自分の宿舎に火を放った。畳を立てて二枚ずつ向かい合わせに重ね、そこに支給されていた五合のガソリンを振りかけ、火を放ったのだ。少年たちは、後ろを振り返ることもなくその場を離れた。そしてついに、七三一部隊の本部にも破壊命令が出た。危険区域から退避せよ、と命令が来た。皆は思い思いの場所に退避していく。彼らは石炭集積所まで避難した。

十二日の正午過ぎ、すさまじい爆音とともに炎は黒煙となって、本部はついに吹っ飛んだ。施設内部の至るところにいた何千、何万いや、何十万だったかもしれない、とにかくおびただしい数のネズミの大群が炎に追われるように押し寄せるように逃げ出した。地面を這うように走るネズミの姿に、皆、震えが止まらなかった。

「一刻も早く、その場を逃げ出したかった………」

この時、何人かの少年は、隊長の石井はこの光景をどこで見ているのだろうかと、ふと思ったという。

石井が部隊本部に戻ったのは八月十日の夜と言われる。ただ、正確な日時は各人まちまちである。石井はソ連参戦のニュースをいつ、どこで知ったのだろうか。石井は来たるべきソ連との最終戦は細菌戦しかないと考えていた。

先述したが大混乱となった十日早朝、関東軍から平房本部の石井にも出頭命令が届いていたにもかかわらず、副官のひとりが出頭し、そこで「独断専行」の命令を受けている。

二〇一八年発行の『満州天理村「生琉里《ふるさと》」の記憶――天理教と七三一部隊』に筆者は次のように記した（一四一〜一四四頁)。

石井部隊長は九日の正午、首都の新京にいた。参謀本部作戦課対ソ作戦参謀の一人である朝枝繁春中佐（一九一二〜二〇〇〇年）を軍用飛行場で迎えるためだった。その日、朝枝は関東軍に次のような電報を打っていた。

《貴部隊ノ処置ニ関シテハ朝枝参謀ヲ以ッテ指示セシムルノデ十ヒ新京軍用飛行場ニテ待機セラレタシ》（青木冨貴子『731――石井四郎と細菌戦部隊の闇を暴く』一七二頁）

青木によれば、当時の参謀総長である梅津美次郎の名で朝枝は電報を打った。梅津はかつて関東軍司令官であり、七三一部隊の責任者でもあった。ただ、太田によれば、この電報の差出名は参謀次長・河辺虎四郎（一八九〇～一九六〇年）の名となっている（太田昌克『731免責の系譜――細菌戦部隊と秘蔵のファイル』三六頁）。だが重要なことは、資料によって差出名に違いはあれど、大本営の命令に石井が従ったということだ。

《私が苦慮した大きな問題がもう一つの問題。それは世界にもない細菌部隊（別名石井部隊、加茂部隊）にまつわることであった。（中略）八月九日、関東軍からソ連侵攻の知らせを受け、七三一部隊のことを頭に浮かべた朝枝は、あの部隊のことが明るみに出ると累は天皇に及ぶ、と考えた。すぐさま自分で案文を作成し、石井四郎隊長に電報を打った》（青木、一七二頁）

朝枝中佐は決断し、特使として満州に向かった。石井の前に朝枝が降り立ったのは正午過ぎで、ただちに特命を伝える。このときの状況をつぶさにとらえたシーンがある。

《石井は定刻どおり飛行場へ向かい、格納庫前で特使の到着を待った。そして正午過ぎ、飛行機から特使朝枝が降り立った。すぐさま石井部隊長に特命を伝える。「参謀次長に代わって参謀次長のご意向をお伝えします。永久にこの地上からいっさいの証拠物件を隠滅してください。貴部隊は用意した満鉄の特別急行列車で全員、大連まで退去してください」》（太田、三六頁）

そう言い終え、朝枝は石井に問うた。

《「部隊に博士は何人いますか」

「五十三人」と石井。

特使は飛行機ですべての博士を内地へ「ただちに」返すよう、部隊長に促した。

続けて、朝枝の厳命を聞き終えた石井はこう答えた。

「それでは帰っておっしゃるとおりに処置するのでご安心ください、と東京に帰って参謀次長へ報告してください」》。

そう言い残して飛行機に乗ろうとした部隊長だったが、突然思い立ったように踵を返して特使と再度向き合った。

「ところで朝枝、最後に一つ質問がある。いっさいがっさい証拠を消してしまえというが、世界に誇るべき貴重な学問上の資料を地球上から消すのはまったく惜しい」

この一言には、ここまで神妙な態度の参謀次長代理もさすがに頭にきた。

「証拠は、いっさいがっさい地球上から永久に隠滅してください」

朝枝は断固たる口調で上官の石井に厳命を徹底した》（太田、三六頁）

こうして石井はおよそ一時間、朝枝と立ったままで向き合い、捕虜の処遇を含め細かい指示を出したと言われる。ソ連侵攻の翌日午後のことであった。

《一分一秒を争うから、たらい回しにいろんなことをしていては間に合わないからね、ほどんど独断専行だった。（電報も）いちいち作戦課長が考えるヒマがない。（自分は部隊の）内部事情をよく知っていたから。（問題だったのは）結局、人間モルモットだよ》（太田、三七頁）

かつて七三一部隊を担当していた朝枝が人体実験などを認識していたのは当然といえる。それが明るみになっては国際社会で大問題になる。すでに関東軍では敗走が始まっていた。自ら特使として関東軍総司令部に飛んだのは、天皇の存在があったからだ。

このような事態を重く見るならば、石井が朝枝との会談を終えて後平房の本部に戻ったことは、ほぼ間違いがないであろう。いずれにせよ、本部では石井を交えて「撤収作戦」に関する会議が行われていることは間違いない。席上で石井と第一部部長の菊池少将が激しく対立した様子が窺えるからだ。

さらに、八月十一日の午後には施設内の「東郷村」に向けて最初の「引き揚げ」命令を出したことも、隊長の指示があってのことであろう。日頃から「東郷村」に出入りしていた少年たちには、直ちにこの報せがもたらされ、彼らは大歓声を上げたという。破壊工作で心身の疲労が極みに達していた中で、彼らにとって「撤収」はこの上ない喜びとなったのである。

第8章　撤退――八月十二日以後

一九四五年八月九日、ソ連参戦により突如「七三一部隊」の証拠隠滅および壊滅作戦が始まっていく。以後の数日は「非常呼集」となって厳しい命令の下、少年隊員たちも〈マルタ〉の処分・死体処理さらには部隊破壊作業に我を忘れての作戦遂行となった。この間の記憶は少年たちに終生の記憶として心の奥底に沈められ沈黙を強いられてきた。そこに「加害者」としての苦渋が浮き彫りとなっていく。

満州人との交流

八月十二日、施設内の物品販売所は無料開放され、少年たちは競って出かけた。衣類や甘いものなど、故郷へのお土産をもらいに行ったのだ。資材部の倉庫も同様に開放された。すでに入線している引き揚げ用の列車に積み込むためである。米や味噌、砂糖に醤油など道中での食糧である。なかには、自分の荷物にこっそりと詰め込む者もいた。

航空班は、石井をはじめとする尉官を乗せる数機を残して、飛行機をすべて炎上させた。飛行場そばのボイラー二基を有する発電所もぶっ飛ばした。平房施設内の「東郷村」には次々に火が放たれ、動物飼育室からはネズミをはじめとする動物も解き放ち、さらに「田中班」では火をつけた直後から「ノミ」が逃げ出した。気が遠くなるほど膨大な数であった。

用意された列車は有蓋車、無蓋車の両方があった。少年たちをはじめ隊員やその家族もほとんどが着のみ着のままで、我先にと列車に乗り込んだ。

驚いたことに、上級隊員の家族には「青酸カリ」と思しき毒薬の小瓶が配られていた。それは万一にも捕虜になった場合、口封じのために「自決」すべしとの石井四郎の発案から撤退作戦の際に配らせたものである。この時、菊池少将は異論を唱えてぶつかった。このことが、引き揚げの過程で絶望した人たちが次々と自害するなど、多くの悲劇を生み出す結果となる。

またこの日、近隣の部落から満州人たちが、「東郷村」目がけて駆けつけた。かつての「立入禁止区域」は、すでについえて、中国人の手に返されたのだ。とはいえ、彼らは競うようにして、「もぬけの殻」となった隊員宿舎から家財道具から衣類や鍋釜に至るまで持ち去っていった。三日前頃までは、この区域に入った満州人は見つかれば即射殺された。だが混乱の坩堝にいる隊員たちやその家族には、もはや怒る余力さえなかったのである。何もかも破壊するという作業の中で、彼らには虚脱感と焦燥感が渦巻いていた。

人体実験に使われた「人体」の標本に囲まれた部屋に初めて入った時、気絶寸前になった隊員たちもやがてこの環境に慣れていった。平気で出入りするうちに、第七三一部隊を単なる「職場」ととらえるようになり、いつの間にか〈マルタ〉を「材料」とみなすまでになっていた。神経が麻痺していったといえよう。だからこそ、彼らは平然と「東郷村」に住むことができたのだ。そこには、隊員やその家族たちが三千人近くも住んでいた。村では演芸大会や運動会、さらに映画鑑賞会などがしばしば催された。だが、いうまでもなく村の清掃やゴミ運搬などは中国人の仕事だった。

しかし、互いの交流がなかったわけではない。

先述した写真班員は、中国人に着なくなった衣服を持っていくと、翌日にはお礼に鶏を持ってきてくれたと言う。休みの日には彼らの集落に出かけることもあった。そんな時には決まって彼らの生活ぶりをファインダーに収めた。写真のお礼なのだろう、帰り際に彼らの畑から野菜をお土産に持たせてもらった。中国人たちはいつも義理堅かったという。


「私は、同じカメラで〈マルタ〉の最期を撮っていた。何の違和感もなしに……」


彼は撤収の無蓋車から遠くに見える「東郷村」をぼんやり見つめながら、平房施設つまり第七三一部隊は日本軍が戦った幾多の「戦場」の中で、もっとも「苛烈」な戦場であったと戦慄を覚えながら実感した。それは敗戦前の八月十二日のことである。

工兵隊員たちは〈マルタ〉を収容した特別監獄の爆破に難航していた。彼らはダイナマイトで爆破した建物の破片にさらされた。なかには頭部にコンクリートの破片を受けるなど、重症者も相次ぐ有様だった。

だが、この写真班員は特別監獄に収容された「人たち」が気になって仕方がなかったという。爆音から逃げようと思わず耳を塞いだ時、数少ないとはいえ、わずかな機会にその「人たち」と交わした日々の出来事がよみがえった。

七棟一階の一番入口に近い監房に、女性の〈マルタ〉が収容されていた。三十四、五歳の白系ロシア人の母親と四、五歳の娘、そして中国人の女性だった。昭和十七（一九四二）年以降、彼の記憶では女性の〈マルタ〉はこの三名だけだった（昭和二十年六月頃までは、元気だったともいう）。

彼はこの頃、七棟での仕事が一段落したら、監房の裏に回り、小さな覗き窓越しに〈マルタ〉と話をした。表は看守の目が厳しいので、彼は時々裏に行き彼らと話すのだ。

「相手は、奉天に潜入中に捕えられた八路軍（中国の共産軍）の将校だと名乗った。三十歳くらいだ。私が『大東亜戦争について知っているか』と聞くと、『もちろん知っている』と答え、米英を敵にまわした日本の愚を、田中義一大将にまでさかのぼってとうとうと論じ出した。『今は、日本は勝っているようだが、二年後には、間違いなく日本は負ける』」

その〈マルタ〉が「延安で、我々と一緒に戦っている野坂（参三）を知っているか」とか「徳田球一は立派な人間だ」などと切り返してきた。写真班の彼には、誰なのかもわからなかったが、「敵国」の人間がそこまで日本の事情に詳しいことに驚くと同時に感服もしている。

また彼は、自殺の現場も撮影した。

「囲いのない床に備えられた日本式のトイレの水洗の取手に、おそらく衣服を裂いたのだろう、布切れをゆわえつけて、死んでいるのだ」

何度も念入りに、彼はこの自殺者を撮影させられた。理由はわからなかったが、おそらく何かの実験であったことはほぼ間違いない。撮影のために中に入ると、遺体は横向きになっていた。同室の四、五人が、その場にしゃがんで「アイヤー・メィファーズ（哎呀没法子、中国語で「ああ仕方がない」）」と言って、淋しそうに悲しんでいた。

引き揚げ列車に乗り込むまで写真班は、写真・ネガ・乾板類など膨大な資料をボイラー室まで運び、すべてを燃やした。〈マルタ〉たちの悲哀と対峙しながら撮り続けた作品が燃える様に、「これが戦争か」と耐えられない辛さを覚えて泣き叫びそうになったという。


続いて、八月十三日の動きを追う。

この日は、一部を除く隊員が撤退する最後の日であった。

隊員たちは証拠隠滅を素早く終了させ、列車に飛び乗った。ところが、スピードを上げて走っていた列車が、突然止まった。

前には、前日夜に出発した列車の長い車列があった。列車はその後ようやく動き出したが、それでも急勾配になると止まってしまう。そのうちに機関士たちの行動にも変化が生じる。

彼らの多くが「朝鮮系」、つまり金日成（当時は満州一帯において抗日パルチザン活動に部隊指揮官として参加、後に北朝鮮の指導者となる）を崇める人たちであった。「朝鮮独立」を叫ぶ彼らは、興奮状態となって列車を動かす気配はない。それでも気丈な隊員たちは彼らを銃や銃剣で脅しながら、なんとかハルビンを経由して新京へと向かわせた。

道中、列車が停車した先では「七三一部隊関係者は皆殺し」といった言葉が飛び交っていたという。普段は七、八時間で新京へ到着するはずが、このときは四日近くもかかっている。

この間、暑さがピークに達していた列車の中では、ソ連の急襲を恐れ、気が触れて車両から飛び降りる女性や、腐敗して異臭を放つ赤ん坊の遺体をなりふりかまわず抱き続ける母親などがいた。およそ人間の日常とは程遠い光景であった。

写真班を含む少年たちの一部も、この列車に詰め込まれていた。列車は通化を通って朝鮮へと入った。金日成の生誕地といわれる江界《かんけ》に着いた時には十四日の夜になっていた。一夜を明かし、翌十五日敗戦を知った……。町中には「民主朝鮮万歳」の文字が溢れ返っていたという。

写真班はかろうじて調査課図書室から貴重な医学書を数冊、こっそり持ち出した。ところが敗戦と知るや、それも焼却を迫られたのである。「石井部隊蔵書」と捺印された箇所を破り、書物を焼いた。だが、それでも最も貴重な書物は、諦めきれずに持ち帰った。

列車を動かしていた満鉄職員のはずの中国人機関士は、列車を走らせることを拒み始めた。「日本は負けたのだ、なぜ侵略者の帰国の手伝いをさせられるのか」――彼らの思いは当然のことだ。他の列車でも同じような事態が見られた。

隊員たちは機関士をなだめながらかろうじて南下を続け、京城に到着。八月十八日になっていた。京城の街にはアメリカ軍が空から日本の敗戦を伝える「ビラ」を巻いていた。

これについては、あまり知られていない史実があるのでここで言及したい。

この頃アメリカは、朝鮮半島に大量の軍隊を送り込む余裕がなかったため、軍に代わって、OSS（CIAの前身）の工作員を落花傘で京城へと送り込んだ。朝鮮総督府ではその夜、旧日本軍が彼らの「歓迎会」を開いてどんちゃん騒ぎをしている。

この時アメリカは、日本軍に武装解除をせず、引き続き「独立国家」になれるのだと歓喜する朝鮮人民を抑えよと命じた。つまりアメリカ軍が上陸するまでの間、これまで通り引き続き朝鮮を統治せよ、と言ったのだ。同時に日本側には、左派と思しき人々の名前や情報を提供するよう命令している。

つまり背景には、終戦直後の朝鮮が「独立国家」になるのは認めないとする厳しい姿勢があった。程なくアメリカ軍は入ってくるが、その際、朝鮮人民には決して「独立（国）旗」などを掲げて歓迎させてはならぬ、と厳重に見張るよう日本軍に押しつけたのである。反抗するものは射殺してもよしとする厳しい姿勢であった。アメリカは当時の京城（現北朝鮮）を自分たちの支配下に置こうとし、人民たちの独立を何としても避けようとした。

すでに、ヤルタ会談において朝鮮半島の南（現韓国）はアメリカ、そして北（現北朝鮮）はソ連の一時的な占領が決定していた。ところがすでに「北」では金日成が人民の英雄になっていた。しかし「南」には、彼に匹敵するだけの人物がいなかった。アメリカはハワイ在住の李承晩を「南」の指導者にと目論むが、失敗に終わる。彼は南の特権（地主）階級と深く結びついていたばかりか、日本の植民地政策の協力者であったために、人民が歓迎しなかった。朝鮮人民のために戦った人物では決してなかったからである。

それにしても、敗戦後の京城ではアメリカ軍が入ってくると、旧日本軍幹部たちはただちに総督府内で友好関係を結ぶなど、その変節ぶりは目に余るものがあった。つい数日前までは「鬼畜米英」と天敵であったはずのアメリカに平然と掌を返すさまを見れば、中国人をはじめ幾多の日本軍の無名兵士たちが犠牲になったことなど、彼らの頭には毛頭なかった、とここに記しておく。

残留者

少年隊員の山下久（仮名）たちも八月十三日、引き込み線に待機していた列車で平房を離れている。ボイラー室そばに停車していた貨物列車が出発したのは、この日の夜半だったという。隊員たちとその家族は出発まで随分の間待ったという。その時でさえもまだ撤収作業は続いていた。作業の最後を見届ける隊員たちが途切れなく働いていたという。わずか数日のことだが、混乱の最中、二十四時間ぶっ通しで強行された撤収作業はあまりにも過酷であった。

出発の際、通化に向けて列車は南下すると聞かされていた。だが、翌日になると列車の速度がどんどん落ちていく。

十五日、徳恵駅で列車が停止、しばらくの間待機させられる。彼らは、ここで敗戦を知ることになった。南下する際に襲撃があってはと、山下は万一に備え、荷物に「モーゼル銃」を忍ばせていた。敗戦を知った夜、山下はやけっぱちで一弾放った。

だが、これがもとで山下は手に大怪我をした。やがて列車は動き出し、傷に苦しむ山下を乗せ奉天駅へと向かった。

ようやく奉天に到着すると、満州人の暴動に備え、憲兵たちが厳重に警備をしているのが目に入る。山下が慌てて自分の荷物を取りに席に戻ると、驚いたことに荷物が見当たらない。結局、彼の荷物は行方不明となった。再び列車は奉天駅を出発したが、班長の大屋が次の駅で下車するという。なぜだかわからなかったが、とにかく班長の命令は聞かざるを得ない。わずかな手荷物だけで、隊員たちは蘇家屯駅に下車するはめになった。

この辺りの事情は、少年隊員、谷幸政の記録が詳しい。

「八月十八日（土）、奉天駅ホームの手前にある操車場に、我々の貨車が停車したのは太陽が頭上近くに輝くお昼少し前だったように思う」

この街に在住する兄を訪ねたいと、谷は大屋に許可をもらいにいったところ、班長も同行することになった。

「拳銃を持ってついて来い」

二人はモーゼル銃をズボンのポケットに入れ、兄の家へと急いだ。

ハルビンの忠霊塔を見ながら二人は走った。途中で士官たちと出会い、思わず敬礼しようとするが、戦争に負けたのだからそんな必要はないだろうと、そのまま通り過ぎようとしたが、呼び止められた。相手が軍刀に手を当てようとしたので、谷はポケットから銃を抜き出した。

一瞬、相手は慌てたが折れた。

「いいから、もう行け」

こうして二人は谷の兄の家へと急いだ。そこには近所の日本人が多く集まっていた。

「どうせ捕虜になるなら、部隊から離れてここに来ればいい」と進言される。

その時、大屋班長が言った。

「部隊と別行動を取るにしても、上官の許可が要る」

すると、谷の兄が切り出した。

「もし奉天で下車できなかったら、次の蘇家屯で降りるように。友人の生田氏を頼っていけば面倒を見てくれる」

そう言いながら、急ぎ生田氏宅までの地図を書いた。わずか十分足らずの兄との再会であった。慌ただしく引き返した二人だが、奉天の操車場には停車していたはずの貨車が見当たらない。ホームに目をやると、貨車が移動していた。最後尾の人間が「早く来い」と手招きする。慌てて二人は貨車を目がけて走った。間一髪、列車は出発寸前だった。

谷の兄が言ったように、鉄橋を渡ったところに小さな駅があった。

奉天を出発した際、大屋班長は上官の隊長に離隊を申し入れている。だが、あろうことか彼は転属を言い渡されてしまう。

「奉天第三陸軍病院に転属を命ず」

これで二人の予定が狂ってしまった。ところが班長が離隊することを知った同期生十数名が一緒に除隊したいと言い出した。この辺りの証言が次に紹介する同期生の須永鬼久太のものと辻褄が合う。

「平房から乗ってきた列車が出発する寸前、大屋班長の命令によって下車した十八名が教官に申告し、皆さんと別れの手を振り本隊と離脱した」

これにて、山下たち数名の少年隊員は除隊が認められたことになる。それは八月十八日のことであった。須永の証言は続く。

「敗戦を知り、日本に送還されてもおそらく戦犯として裁かれるのではないか、と危惧した少年兵たちが班長と共に下車したのだ。その際には、当座の食糧にと米、醤油、砂糖などを分配した」

八月十八日本隊に別れを告げ、蘇家屯で下車した中に森下正明がいた。次に、彼の記録を紹介する。

「同僚同士十九名が本体に別れを告げた十八日」

駅前通りを中心にしたメインストリートは、縦横に区画されたこぢんまりとした町だった。裏通りでは四、五軒の家が土塀で囲まれ、真ん中に中庭があった。ここでは、中国人と共に日本人の商店も軒を連ねていた。暴動の起きる気配もあり、どの店も戸板が閉められていた。

「自分たちは、異国人の街で、敗戦によって一等国民から三等国民へ転落、その上に生活基盤の持たない着の身着のままの生活環境たるや、七転び八起きの、惨めな奮闘と日本人同士の団結と協力を秘めた、生きるための耐久と最低の生活を保つ挑戦としての生活資金稼ぎであり、実に戦々恐々としながらの満服姿で、カタコトの満州語で敗戦国民である稼ぎ取引は辛かった」

蘇家屯駅長や歩兵部隊の応援があり、多少の食糧は確保できた。だが如何せん、彼らには現金がなかった。彼らは現金収入を得ようとあらゆる手段を試みた。敗戦後、日本人は列車に乗せてもらえなかった。物売りで現金を得ようとして奉天に向かうのだが、蘇家屯駅をゆっくりと出る列車を待ち構え、飛び乗っての無賃乗車である。下車する時は最も危険だ。鉄橋の通過地点で進駐しているソ連兵が自動小銃を構えて橋の両側に立っており、シベリアへ送ろうとする日本人狩りをしているところから次第にスピードが落ちていく……その間をくぐって飛び降りるのだった。森下も時折ソ連兵に呼び止められたが、満服を着ていたこと、そして満州語に慣れ親しんでいたこともあり、どれだけ銃でこづかれても、満州人だと言い逃れることができた。

帰国すれば、自分たちにも戦犯容疑がかかるという危惧、あるいは引き揚げの途中でいつ捕虜になるかもしれないという不安の中にあって、満州に残る決心をした少年たち。若さゆえに下した決断は、いつの時代も残酷である。

八月十四日の動き

最後に第七三一部隊本部直属の隊員によって書かれた記録の中に、少年隊に関する記述があるのでここで紹介しておきたい。

「(八月) 九日からの連続作業は元気者揃いの部隊員にも疲労が押し寄せているのか顔色がなんとなく冴えないがそれでも頑張っている」

施設の外では満人たちの群衆が増えるばかりとなっていた。

そして十二日がやってきた。ロ号棟内部に入っていた人員が外部に出てきた。その一人、西山伍長がハルビン本部総指揮所指揮官太田大佐に向かって言った。

「報告します。ロ号棟内部作業班は作業を終わりました。報告終わり」

「よし!」これは太田大佐の声である。

少年隊も相当数、ここの内部作業に入っていたようで、少年たちが次々と出てきた。この日の二時頃、部隊の引き込み線に列車が一本入ってきた。この列車には今出てきたばかりの少年隊員たちやその他の作業に従事していた少年隊員が乗り込み、南下するのだという。

午後四時過ぎに列車が出る頃には、およそ千二百人が乗り込んでいた。ロ号棟内部の作業員が全員に外に出たことを確認した上で、部隊飛行場で待機していた工兵隊が建物に向かって砲撃を開始。だが、どの砲弾も壁に跳ね返りどこかに飛んでいく始末。なるほど、どこから砲撃を受けても破壊されないように、建設係が繰返しやり直しを命じられていたと聞いてはいたが、どうも本当のことらしいと隊員たちはあらためて感じ入った。満人の群衆はますます広がりを見せ、人だかりで黒塗りのような一団となり、歓声を上げながら暴れ回っていた。そんな喧騒にあって、隊員たちは貴重な折りたたみ式ドイツ製顕微鏡までも油をかけて焼いていた。少年たちが細菌や梅毒の検査に使用したものである。

「ソ連との戦争は今始まったばかりなのに、我が関東軍防疫給水部は、どのようにしてソ連軍に対抗して戦うつもりなんだろうか？　関東軍の主力はほとんどが南方か本土防衛に回っていた」

そんな状況の中で七三一部隊の施設では隊員も少年隊員も疲労困憊となって破壊作業に身をすり減らしていたのだ。

そして、八月十四日である、その日の午後二時頃にハプニングがおきた。

八月九日以来、姿を見せていなかった石井部隊長が皆の前に姿を現したのだ。

「命令！　部隊引き込み線に今から二時間後に列車が一本入る。現在部隊に残留しているものは全員この列車に乗車せよ。このあと、列車は入ってこない。列車到着二時間後に出発する。全員一人も残らず乗車せよ。命令終わり」

大声で命令を下し、どこかへと消えていった。

結局、この列車が入ってきたのは午後四時頃であった。連結車は四十台も繋がれていた。隊員たちは急いで、食品を積み込み、寝具なども放り込んでいった。石井が言ったように列車出発の二時間後が迫っていた。各班長は最後の点呼に走り回った。だが、かなりの人数がたりない。

「点呼で確認できていない人員を捜索せよ。本列車は（引き込み線）から午後六時に出発するが本線の平房駅において一時間待つ。平房駅の出発時刻は午後七時、この時間は厳守する。午後七時に間に合わなければ捜索隊は放置して出発するからその心算で捜索せよ」

太田大佐による直接の命令であった。

時計の針が、午後七時を指そうとしてした。このときである。石炭が山積みされた「てっぺん」に、突如元第七三一部隊隊長石井四郎が姿を現したのだ。

「いかなることがあっても前歴を秘匿せよ、公務公職につくべからず、隊員同士の交流は禁ず」

大声で言い放った後、下車してたちまち彼の姿は消えてしまった。

その後、彼は自ら記録フイルムや資料を抱え、航空機に乗って日本へと帰国した。

最後の隊員たちを乗せて、列車はゆっくりと平房の駅を離れようとしていた。

石炭を満載した列車のスピードは一向に上がらない。そのうちに、司令車から命令が飛んだ。

「全員弾込め・安全装置・防毒面の蓋を開け、姿勢は折敷」

動く車両の中でみんなは、必死で小銃に弾を込めようとする。少年隊員は慣れぬ作業に、焦っていた。

やがて朝鮮半島に向けて南下していった。

第９章　二つの裁判

戦後、連合国により敗戦国ドイツはニュルンベルク裁判（一九四五年十一月二十日〜一九四六年十月一日）を開廷し、ナチス・ドイツの戦争犯罪を裁いた。これによってユダヤ人強制収容所におけるユダヤ人虐殺に関与した関係者たちを厳しく裁いた。だが、同じ敗戦国の日本はドイツでの裁判とはその対極にあった。極東軍事裁判（東京裁判）は、アメリカによって七三一部隊隊長石井四郎以下、上層部関係者たちを戦犯として「免責」したのである。その背景には部隊が持ち帰った細菌・化学戦に関する研究成果のすべてを引き渡すという条件があった。彼らは審理の対象から逃れたのであった。ニュルンベルク裁判そして極東軍事裁判（東京裁判）は、第二次世界大戦終結後の二大国際軍事裁判である。命ながらえた元七三一部隊石井四郎をはじめとする関係者たちは、元隊員や「少年隊」たちを勝戦国アメリカから守るためであったと嘯いて、戦後の厳しい日々を強いられる彼らを煙に巻こうとさえした。

アメリカ軍による占領

昭和二十（一九四五）年八月十五日の終戦で、連合軍関係者が空路、海路で次々と来日した。

この日から「戦争犯罪者」たちには新たな「展開」が待ち受けていた。彼らの所業が次々と暴かれていくようになり、第七三一部隊の幹部関係者も震撼する。

同年九月、アメリカ太平洋陸軍総司令部（GHQ/US Army Forces Pacific）によって組織化された科学情報調査団（Scientific Intelligence Survey to Japan）が横浜に上陸した。その中に陸軍中佐のマリー・サンダース（Murray Sanders）がいた。彼は直ちに、第七三一部隊の調査に入っていく。ところが石井をはじめとする幹部はのらりくらりと対応し、調査は一向に進まず、業を煮やした彼は、結果として一九四七年十二月まで、次々と調査団を来日させた。

サンダース以後、トンプソン（Arvo T. Thompson ―後に不審死―）、フェル（Norbert H. Fell）、ヒル（Edwin V. Hill）と続いた。初期の報告書は一九四五年十一月一日「サンダース・レポート」として提出された。翌年五月三十一日、「トンプソン・レポート」があり、膨大なページ数を重ねた。そこには七三一部隊の組織・実験内容が示されていたが「生体実験」つまり〈マルタ〉への言及はまずなかった。石井のインタビューにおける、「細菌」の製造法および「細菌の爆弾」の成果などが中心になっていた。それは、石井をはじめ関係者が秘匿したことによる。アメリカが「生体実験」に関する情報を収集した同じ頃、ソ連でも元七三一部隊の幹部たちによる尋問が繰り返されていた。ほどなく、一九四七年一月、ソ連側から七三一部隊の幹部たちを尋問したいという要求があったことを機として、すでに得ていた二つの「報告書」に部隊の秘匿がなかったことに愕然とする。

ソ連が引き渡しを求めてきたのは元隊長石井四郎、部隊第一部細菌研究部長菊池斉《ひとし》、同第二部実戦部長大田澄《きよし》の三人であった。まさかの事態に苦慮するアメリカは、「研究」内容（の一部にせよ）をソ連が入手したことを知り、この三人をGHQ（連合国軍最高司令部官総司令部――General Headquaters for the Supreme

Commander of the Allied Powers の省略）によって、厳しい監視下に置く。この間、東京裁判にソ連側が七三一部隊の実態を持ち込むことを恐れながら、最後まで引き渡しも尋問の機会も拒み続けてきたのである。

そしてついに連合国側は、連合国軍最高司令官ダグラス・マッカーサーによる七三一部隊の「戦犯免責」の保証を取り付けることに成功する。

そこで細菌兵器や人体実験に関わったとされる元軍医内藤良一に通告。内藤は石井四郎と最も近い人物であり、サンダースは彼に「皆が、真実を述べるならその秘密を守り、戦争犯罪人として追訴はしないことを約束する」と述べた。内藤を中心とした元部隊首脳関係者たちとアメリカ側の交渉によって、部隊の資料をはじめ研究内容を提供する代わりに、彼らは「戦争犯罪人」としての追訴から免れたのである。

その代償として、アメリカが「生体実験」に関わるほぼすべての研究成果を手に入れたのは言うまでもない。

忘れてならないのは、東京裁判によって七三一部隊の「非人道的」な罪を裁かなかったことである。一九四七年一月、国際検察局（ＩＰＳ――International Prosecution Section）はＧＨＱに対し、元七三一部隊幹部たちの尋問許可要請を通達している。そこには、石井たちのみならず「当時、実験に携わった多くの関係者による尋問が不可欠」であると書かれていた。

それによって、一九四七年一月十五日ソ連とアメリカの間で緊急会議を開いた。出席者はソ連側から二名、アメリカから三名、そして通訳二名の合計七名であった。この時アメリカが驚愕したのは、ソ連側スミルノフ（Leon N. Sumirinoff）の発言である。

以下は、『標的・イシイ――７３１部隊と米軍諜報活動』（常石敬一、三九二頁）より抜粋したものである。

「カワシマの証言によって、平房の研究所で細菌戦の実験を、安達で野外実験を行い満州人や中国人匪賊を使い、多数を殺した」

これに、アメリカは素早く反応。だが、素知らぬふりで無関心さを装った。ちなみにサンダースおよびトムプソンによる「報告書」には「安達《アンダー》」に関する記述は見られない。そのことも、アメリカを驚かせたのだ。

繰り返すが、アメリカ側は再三にわたって、「人体実験」の有無を追及するが、その事実はないと彼らは最後まで突っぱねている。同年十月までサンダースは徹底的に調査をしたはずだった。彼は帰国後の同年十一月一日、アメリカ国防総省に「サンダース・レポート」を提出する。ところが、レポートの内容は内藤たちが「偽証」したものだった。サンダースが「人体実験」の実相を知るのはずっと後のこととなる。

アメリカが石井四郎、内藤良一をはじめとする幹部たちを「戦犯免責」し、それと引き換えに彼らが持ち帰った細菌・化学戦の研究成果（全てではないが）を入手したことで、石井らは極東軍事裁判（東京裁判）で審理の対象から逃れることができた。それによって、彼らの「戦犯容疑」は闇に葬られたはずだった。

ハバロフスク裁判

だが、ソ連は黙らなかった。ハバロフスク軍事裁判が開かれた。

昭和二十四（一九四九）年、十二月二十五〜三十一日の六日間にわたって法廷でのやりとりが繰り広げられた。そして、元第七三一部隊の被告十二名の「罪」を暴いてみせた。被告とは、関東軍司令官山田乙三や関東軍軍医部長梶塚隆二、関東軍獣医部長高橋隆篤、関東軍第五軍軍医部長佐藤俊二ら指揮官たち、さらに七三一部隊本部第四部細菌製造部長川島清や同部第一班長柄沢十三夫などである。公判中は、細菌散布に始まり人体実験、凍傷実験、さらには安達《アンダー》での人体実験、そして「特別監獄」に関して彼らは相次いで証言台に立った。

判決は、長いもので懲役二十五年、短くて二年とさまざまだった。

全員がモスクワ北東二〇〇キロにある「イワノボ収容所」へと移送されていく。彼らが収容所に到着するのは翌年三月のことであった。そして昭和三十一（一九五六）年十二月までに死亡した柄沢と高橋を除いて、全員が帰国した。この間、アメリカをはじめ日本でも「ソ連のでっち上げ」だとか、市民に公開された裁判だったにもかかわらず「非公開」だったなどとデマを流し続けた。しかも「公判記録」が日本語で出版されたにもかかわらず、裏付けが曖昧だなどと、部隊の存在までをも否定する学者までが現れたのだ。

この裁判における「供述書」において、元「少年隊員」の証言がしばしば取り上げられている。本書にも登場する田村良雄である。

その田村元少年隊員による供述内容は、ソ連側の心をも突き動かしていた。彼は撫順の戦犯管理所においても勇気ある告白をしている。

ソ連側は彼の供述を重く見た。田村は柄沢班に属する「雇員」であったことから柄沢班の具体的な研究や細菌の種類、さらに製造量などを把握していた。後にアメリカが発表する七三一部隊における「報告書」、そしてソ連の「公判資料」、さらには中国の「供述書」が加わり、あたかも三角形のように元部隊員の証言による「証拠」が立証されていった。川島─柄沢─田村に連携される関係を、ソ連側は重視したのだ。

【証言者・田村良雄】

ひょんなことから幼馴染み二人の誘いによって、入隊試験を受け三人とも合格した。みんな、石井四郎の地元からやってきた。陸軍軍医学校防疫研究室、彼らが通う事になった部屋である。数日後、ここで初めて石井四郎と対面する。

「お前たちは、石井部隊の少年隊員だ。勉強すれば大学にも入れる」

そのように励まされている。一月ばかりここで教育を受けた後、彼ら三十名の少年たちは、平房の施設へと向かっていった。実は、彼らが到着する前に別の「少年隊」が到着していた。

そこで、部隊は彼らを「前期少年隊」そして田村たちは「後期少年隊」と位置付けた。この時から、幼馴染みの三人組は配属先が分かれ、それによって宿舎も離れてしまった。以後、彼らが出会う機会は失われてしまった。到着早々、教育が開始される。その内容は軍機保護法、そして陸軍刑法である。それに併せて、この施設が「特別軍事地域」に指定されていること。日本軍の航空機さえ、この施設の上空を飛ぶことができないこと。ここで見たこと、聞いたことを言ってはならぬこと。許可なしで「ロ号棟」の屋上に上がってはならないこと。逃げ出せば「敵前逃亡」と同罪、直ちに処刑、などと厳しく叩き込まれていく。

少年たちは驚いた。配属されたのは「衛生部隊」じゃなかったのか。頑張れば満州医科大学に入れると言ったじゃないか……。やがて、自分たちが選んだところが、細菌戦部隊であり、細菌兵器を開発し製造するための研究機関であることを知る。いうまでもなく人体実験が行われていたことも、である。だが、厳しい時間の流れの中で、部隊の教育が「死」を軽視する残忍性、もっといえば残酷さに自分たちが麻痺していくように方向性を定められ、少年たちは「残忍な行為」にも慣らされていくのであった。

気がつくと「死は鴻毛より軽し」、と「軍人勅諭」まで諳んじるようになっていたのである。そして、彼らが平房に入った頃にはノモンハン事件が勃発していた。その頃には日本軍は細菌戦に備え、細菌の大量生産も開始していた。赤痢菌・チフス菌・コレラ菌といったものである。この戦闘には少年隊員たちも動員されていた。彼らは、これらの細菌を培養する時に使う「菌株」を各研究室に取りに行く「運搬係」であった。ノモンハン事件ではどの菌をどれだけ製造したのかは定かではないというが、「菌株」を取りに行った経緯を考えると、一日に三キロは製造したことがおおよそ想像できたという。そして、彼ら少年隊員はノモンハンの最前戦地まで、下士官の引率のもとで石油缶に入れた細菌を運ばされている。

ソ連側は少年たちによる証言から部隊の詳細を知ることになったのだ。

またハバロフスク裁判で圧巻なのは、関東軍司令官山田乙三の供述である。

「生きた人間を実験に使用した事に就いては、北野および田村の報告に依り之を知って居りました（中略）生きた人間を使用する実験は、私の前任者梅津大将または上田大将に依って認可されたものであります」

（「ハバロフスク公判書類」五七、八頁）

そして柄沢十三夫には、次のような供述がある。

問い　貴方が部隊にいた当時、関東軍の高級将校中、誰が部隊を視察したか述べてもらいたい。

答え　部隊に来たのは、元関東軍司令官梅津大将、参謀長木村中将、宮田中佐すなわち竹田宮、日本関東軍元軍医部長梶塚軍医中将であります。

（同上三二七頁）

これらの事実に関する田村証言は本書でもすでに触れているが、ハバロフスクにおいて重大な供述として残されている。竹田宮とはいうまでもなく「皇室」の人間である。第七三一部隊は、天皇の命令すなわち「大陸命」によって認められていたことは、言い逃れのできない史実だったのだ。

そして、ハバロフスク法廷において詳細が明らかにされたのは、七三一部隊の第一部「二木班」の存在である。十二名の「戦犯」に対する証人として、衛生兵教習生であった古都良雄の証言によって「梅毒の予防」を研究するために女性の〈マルタ〉たちを梅毒に感染させていた事実が浮かび上がった。二木班は、結核が主な研究となっていたはず。だが、その実「性病」研究を密かにやっていた。中国側の資料から、

「伊藤軍曹というのが、一人の住民を解剖し、肝臓を取り出し、婦人病を治す薬と言って密かに販売した。さらにある中隊長、ある軍曹、ある伍長の三人は、梅毒を治療するためと称して住民の頭を割り、脳を取り出しなどの恐るべき事実が記録」されているという。（同上八九頁）

さらには「女性の脳みそというのは梅毒に非常に効くという噂があって、中国人の女性をみれば強姦し、殺害した。そして、殺害した後で、頭を割って、脳みそを取り出した」という話を耳にする者もいた。

二木班では梅毒スピロヘータについての研究が進められていた。責任者の二木は一九九二年九月に死亡しているが、生存する元隊員の一人が病床において証言を残した。

「確かに二木班で女性たちに梅毒の実験をしていた。自分もそれに手を下した」

筆者が気になるのは、隊員には「出産」の記憶があるということだ。すでに孕っていた女性が〈マルタ〉として連行されてきたのか。あるいは敢えて妊娠中の女性たちを集めてきたのか。それとも森村誠一著『悪魔の飽食』にあるように、施設内において隊員たちの「無作法」がもたらした結果なのか。明確な記録はない。

ここで確かなのは、少年隊員たちがロ号棟で立ち働いている際に隊員からうごめく妙な微生物を見せられ、「トリコモナス菌というのだ」とニタつきながら教わったという。少年たちもその実験助手をしていたことはまず間違いないと言うことだろう。

ここで「東京裁判」のように「戦争犯罪」者を「免責」したドイツ・ニュルンベルク裁判での実例を少し述べておきたい。

無差別にイギリス民間人を殺害したロケット弾の開発者の一人にヴェルナー・フオン・ブラウン（Wernher Von braun）がいる。だが、彼は敗戦後も裁かれることはなかった。アメリカの招待を受け、宇宙開発に邁進することを約束した彼は、「戦犯」を「免責」されたのである。その内容は、七三一部隊の石井をはじめとする幹部たちの「免責」とは違いがあるものの、共通するのは彼らの研究成果をアメリカがごっそりと奪っていったことだ。このようなアメリカ政府の一貫した姿勢は、今もなお続く悪の脅威である。

アメリカが自国の宇宙開発研究のために受け入れたドイツ人幹部たちの行動はオペレーション・ペーパークリップ（Operation Paperclip）と称されている。

ソ連が供述を重宝した田村少年隊員にも、八月十五日はやってきた。

「七三一部隊は建築物・資料を焼却し、関係者は朝鮮半島を通って日本に帰国するために列車に乗り込んでいる。お前もそれを追っかけろ。決して捕虜になるな。捕まったときにはこれを飲め」

　上官から渡された青酸カリの袋。だが、その直後から田村の人生は急転する。

「徹底抗戦派の獣医部将校の指揮下に入れ！」

　思いもかけぬ藤田実彦参謀長からの命令だった。「徹底抗戦」とは、蒋介石率いる中国・国民党と共に、中国・共産党の指揮下にあった「八路軍」を目がけて戦い抜くという指令である。敗戦から三日後のこと。田村は中国服を身にまとい、拳銃を集める任務を命じられ、一九四六年二月三日、戦闘開始。八路軍司令部のあるホテルを取り押さえたのである。だが、頼みの綱であったはずの援軍は最後までやってこなかった。結果、参謀長は失敗の責任を取り自決、田村たちは八路軍に捕えられた。これが世に言われる「通化事件」である。


　最後に述べておきたいことがある。

　それは、日本陸軍七三一部隊の「戦争犯罪」、もっといえば来たるべき細菌戦に備え、「人体実験」を「大陸命」のもとに最高責任者が許したことをソ連側のハバロフスク軍事法廷は「最重要視」したのである。そこには堂々と「証言」を述べた少年隊員の「実直」な姿勢、これこそが隊長石井四郎の指揮のもとに編成された何よりの「宝」となったことは、あまりにも皮肉である。

　元少年隊員田村良雄が配属され、彼を指導した柄沢班の班長、柄沢十三夫は一九五六年十月十九日、日ソ共同宣言によって恩赦が出て帰国が決定したが、彼の姿が見つからず探し回る事態となる。翌日、収容所に設けられた「洗濯場」の梁に紐をかけ縊死《いし》していたのを発見された。享年四十五歳だった。

　ソ連側の記録において、発見者の一人は同じく収容されていた近衛文麿（戦犯容疑で後に自害）の長男文隆である。柄沢と近衛は比較的年齢が近かったせいか、しばしば歓談する姿が目撃されている。柄沢の死に、近衛は茫然自失の日々を送っていたが、彼の死を追いかけるかのように、十日後の一九五六年十月二十九日に死亡。死因は「急性腎盂炎」とされた。

「わたしはここに、石井部隊において生きた人間を犠牲にする実験が行われてきたことを自己の責任のもとに証明する」

一九四六年九月の柄沢十三夫（少佐）の供述は、アメリカ公文書館に眠っている。

東京裁判ではなぜ七三一部隊を裁かなかったのか？

八月九日以後、平房施設での最後の作業が終了し、少年隊員たちは施設の引き込み線で最終列車にようやく飛び乗った。彼らは平房では大混乱の中、「破壊工作」に従事したが、ごった返す貨物列車の中で、大人たちは少年たちに気配りができるほどの余裕は全くなかった。

だが、少年たちは落ち着いていた。彼らは部隊で「この世の闇」を見尽くしたからだ。ではなぜ、石井部隊長の姿がないのだ……。少年たちは納得がいかなかった。

先述したようにその頃石井は、大本営参謀長の名で緊急電報を受け取っていた。

「貴部隊の処置に関しては朝枝参謀を以って指示せしむるので十日新京軍用飛行場にて待機せられたし」

八月十日、石井は命令通りに新京にある軍用飛行場に向かい、格納庫の中でおよそ一時間、朝枝繁春中佐と向き合っていた。朝枝の指示は日本軍にとって実に的確であった。〈マルタ〉の数を確認したうえで一切の証拠隠滅を図り、〈マルタ〉を遺灰にしてトラックで運び廃棄すること。軍医の数を確認したうえで、彼ら五十数名はただちに部隊の爆撃機で一斉に帰国させること。隊員は下士官兵、看護婦に至るまで一人残らず列車で撤退すること。すでに手配済みの一四九師団工兵中隊によって施設をすべて破壊すること――以上が朝枝の命令であった。石井はこの時研究データの持ち出しを申し出たが、朝枝に一蹴されている。

だが石井は、その一部を持ち帰っていた。それが命拾いとなり、幹部たちは「東京裁判」で「免責」された。

「一言でも漏らしてはならぬ。どこまでも追いかけているのだからな」――その一方で、引き揚げてからもこの石井の言葉に忠実だった隊員たちは、ひたすら周囲の指弾に耐え、部隊については沈黙を貫き、医学の道にも進めずにいた。定職に就けた者はほんの一握りで、多くが職を求めて奔走した。元少年隊員たちも辛い戦後の日々を強いられたのだ。

やがて少年隊員たちも、石井たち幹部が「戦争犯罪人」として裁かれたわけではなく、戦勝国アメリカからその罪を「免責」されたことを知る。しかも一切合切《いっさいがっさい》燃やしたはずの膨大な書類のうち、最重要機密は幹部たちがこっそりと持ち帰っていたということを、報道などを通じて気づいたのだ。

戦後アメリカと取引をした石井には、元隊員たちからさまざまな憶測が飛んだ。だがその多くは「隊員たちに、火の粉が及ばぬよう苦渋の決断を下した」そんな石井の言葉に改めて敬意を抱く元隊員もいれば、今さら何を命乞いしているのだ、あれだけ中国人を殺しておいてと憤怒する者もいる。反応はさまざまであった。

一方でソ連では、「捕虜」となった元隊員たちがハバロフスクの法廷で裁かれている。酷い研究で知られた細菌班の責任者川島清、さらには班長の柄沢十三夫軍医少佐も被告となっていた。一九四六年、二人はついに初めて供述をした。天皇の命令であったことや、部隊の資金について、〈マルタ〉提供の過程などとともに、中国における細菌攻撃について詳細に供述している。そこでは、実際に細菌を使った作戦などもあった。これには「東京裁判」にも送り込まれていたスミルノフ検事が驚愕し、柄沢をウラジオストクまで呼び出し、供述内容を再確認したのである。その結果、ソビエト検察局による検事団は二人の尋問調書を英文に翻訳してアメリカ側のチャールズ・アンドリュー・ウィロビー（Charles Andrew Willoughby）に宛て、石井部隊の三人に尋問を要求したことは先に書いた。

「人体実験」などの行為を知って驚愕したアメリカは、あらためてノーバート・フェルに再調査を急がせた。七三一関係者たちは、先の調査では「偽証」に成功したが、今度はそうはいかず、そこで観念した。というより、アメリカ側が一枚上手であった。繰り返すが石井ら幹部たちと研究成果の資料、さらには朝鮮戦争での協力を引き換えに、彼らを「免責」するという取引を成立させたのである。そしてそれ以後、アメリカはソ連による「捕虜」たちの尋問工作を妨げようとした。その結果、あろうことか、石井たちは「人体実験」を改めて否定、スミルノフを中心とする検事団の尋問工作は失敗に終わったのである。

一九四八年秋、「東京裁判」は七三一部隊の細菌班には、ついぞ触れることなく結審した。アメリカにとっては、自分たちがやりたくてもできなかった「細菌研究」である。なぜできなかったのかというと、それはあまりにも「酷い」実験だからである。だが、かつての敵国日本が噂通りその実験を行っていたのだ。

これを利用しない手はない。アメリカ首脳陣は慌てた。ソ連がそれを入手する前に、何としても彼らの研究成果を得なければならない。石井たちが持ち帰った資料ファイルの大半は、一九四六年にアメリカ・フォート・デリック（特に一九四三〜一九六九年、アメリカ合衆国生物兵器プログラムの中心施設があった）に保管されている。そして、一九五〇年に勃発した朝鮮戦争で、アメリカ軍はその研究成果を実践に移した。その背後には「免責」で生き抜いている石井四郎はもちろんのこと、元七三一部隊の軍医たちが関わったのはいうまでもない。アメリカは、かつての日本軍と同じように細菌戦を民間人に試みた。すなわちアメリカは旧日本軍と同罪なのである。

これで七三一部隊は「東京裁判」を逃げ切った。すべて「お国」のためにやったこと、そしてそれを盾にして彼ら「軍医」には罪がない、という論理がまかり通ったのだ。結局、アメリカが彼らを裁かなかったところに大きな問題がある。

さて石井の最期はどうだったのだろうか？　病魔に侵された彼は、最後に宗教を求めた。彼の七三一部隊長としての「悪行」はすべてといっていいほど不問とされた。しかし東京裁判で「免責」にはなったものの、あの「大罪」は背負って生き抜くにはあまりにも重すぎたのだろう。まず、彼は禅宗に目覚めた（禅宗と「禅」の教えを巧みに利用し、明治から太平洋戦争終結まで若者たちを戦場に送っていたという責任がある）。

だが、最期はカトリック信仰に走った。石井は死の十日前、洗礼を受けた。理由はわからないが、「罪」が贖《あがな》われると思ったからだろう、とカトリック関係者は言う。

罪の贖いを求め、宗教に走るのは、凡人にはよくあることだろう。石井にとっては、宗教とはこれ以上ない救いの道だった。あれほどの異才をもって「大罪」を犯した指導者までが、最期はそうであったことに人間の弱さを見る思いがした。

ついでにいえば東京裁判で死刑になった一人に宗教家がいる。外相を経て二・二六事件以後首相となった広田弘毅だ。東京裁判で文官としてただ一人死刑を言い渡された彼は、高校時代、禅宗の「僧侶」資格を得ていた。「私は無になりたい」と言って、広田は絞首台の露と消えた。

「東京裁判」が終了した翌一九四九年十二月二十五日正午、ハバロフスク・ソ連軍将校会館において「細菌兵器」に関与した十二名の軍事裁判が開かれた。連日多くの傍聴者が詰めかけ、モスクワ放送などを通じて世界に報道された。被告席には山田乙三、川島清、柄沢十三夫の姿もあった。

アメリカが七三一部隊を「免責」したのに対し、ソ連は「明らかに戦争犯罪である」として、十二名の被告に禁固刑十二〜二十五年の刑を課したのは六日間にわたり連続開廷した最終日の十二月三十一日、一九五〇年の年明け寸前のことであった。

Unit 731 Memorial

東京府中にある多磨霊園に「怨親《おんしん》平等万霊供養塔」という石塔がある。英語名は、Unit 731 Memorial。この塔は、戦後満州から帰ってきた元少年隊員たちを中心に、昭和二十三（一九四八）年から二十四年にかけて建立したものである。

元七三一部隊少年隊にとって七三一部隊における生活は四年に満たないものであったが、昭和三十二（一九五七）年十一月、彼らを中心に「房友会《ぼうゆう》」が結成される。翌三十三年八月十七日多磨霊園「精魂塔」を前に結成大会を開催、正式に少年隊員らの戦友会が発足した。出席者三十三名のうち、元少年隊員が二十三名、そして元幹部たちも八名出席している。

昭和33（1958）年「房友会」結成大会時の石井四郎

驚いたのは、この中に石井四郎が出席していることである。発起人の説明によれば、当時、幹部たちの戦友会である「精魂会」がすでに結成されており、そこに元少年隊員の「房友会」が合流したことで、石井をはじめ、八木沢や二木秀雄たちの出席が実現したのだろう。繰り返すが戦後、元幹部たちは戦犯罪に問われるはずだった。だが何らお咎めもなく、すでに日本医学会のような立派な機関に就職していた。そのことに不満を抱いた少年たちもいた。彼らが医学教育を受けたのは七三一部隊の教育部のみでのことであり、それは日本でいう「学歴」にはならなかったのだ。

一期生の須永鬼久太は言う。

「幹部たちは、いいところに就職をした。だが自分たちは取り残されたまま学歴もなく、経験があったからといって、医療関係には決して就いてはならぬと言い渡された。まともな職に就けない者も多くいた」

須永はこの時精魂塔の前でうなだれる石井の姿に衝撃を受けている。かつての猛々しい隊長は見る影もなく、見るからに「好々爺」になっていたからだ。供養後、建立を請け負った石材店の厚意により、ささやかな会が用意されていた。須永ら元少年隊員たちは言葉を交わすでもなく、静かに会場に向かった。

席につき落ち着いたところで、石井が静かに話し始めた。ここに要約を紹介する。

「本日ここに少年隊の若さに溢れた元気はつらつたる姿を見て、大変嬉しく思う。この機会に七三一部隊の真の任務は何であったかということと、少年隊設立の意義を説明する。

第一に七三一部隊の任務は一口に言って、日本国家（日本民族）を救う研究機関である。私は昭和二年より五年まで、イタリア・ドイツ・フランス・ロシアの各国へ秘密探偵として潜入した。各国の反応は「日本民族を殺せ」「日本民族は最悪である」という思想が世界に充満していた。

その理由として次の五つをあげることができる。

①日本人は宗教のあり方として、狐や蛇を拝んで自己の欲望を満たすことしか念願していない

②日本人の結婚は排他主義である

③日本人はエゴイストである

④日本人は強い。ネズミのように繁殖し、やがて全地球を征服する

⑤日本人の統率力への反感――世界を作ったのは神であり、神を作ったのは人間である。その人間を造ったのは白人である……。

こういった世界思潮の中にあって、当時の日本はいわゆる「精神大臣の科学貧乏」と言われた。こういった日本の危機を救う研究機関が、石井部隊である。

諸君は七三一部隊員であったために、終戦後日本に引き揚げてきて色々と迷惑されたことと思う。それについては誠に申し訳なく思っている。しかし、現在はむしろ国家を救う研究機関七三一部隊に勤務していたことを誇りに思っていただきたい。私はやがて時期が来たならば、このことを堂々と世界に発表する心算である。（ジョセフ・）キーナン検事（東京裁判の首席検察官）が言うように、石井部隊は戦犯ではないのだから。唯一言いたいことは、共産党に利用されないようにくれぐれも注意してほしい。

第二に少年隊を設立した当初の意義は、家庭の事情で勉強したくとも勉強できない諸君を満州に呼んで勉強させ、国家を救う七三一の重要な人材となってもらうためであった。そのために中等学校以上の資格を与えてやり、さらに優秀な者には大学まで進学させる考えであった。ところが文部省からは苦情が出たりして、国家情勢がそれを許さなくなり、ついにその目的を達成することができず残念であった」

（昭和六十二年十二月発行の会報「房友」より要約、須永鬼久太氏より提供）

以後、石井四郎は「戦友会」に出席してはいない。この日、石井の言葉の裏にはぎれの悪いものを感じた元少年たちがいたのも事実である。

最後のひと

昭和三十三（一九五八）年八月十七日、敗戦から十三年後、再び石井四郎の「あいさつ」をかたわらで聞くことになった須永鬼久太は、昭和十七（一九四二）年四月、平房にある第七三一部隊に「少年隊」第一期生として入隊。翌十八（一九四三）年頃から「焼成班」の陶器作り班の所属となる。筆者はご家族のご理解を得て、令和六（二〇二四）年六月二十二日、九十六歳となった須永氏を訪ね、現在の心境を語ってもらった。もはや元少年隊員の中で数少ない「生存者」の一人である。

須永が満州へ行くことになったのは、小学校の教員から勧められたのがきっかけである。当時十四歳の少年が、どのような思いで決断するに至ったのか、八十年以上の時空を超えて、筆者が投げかけた質問に率直な思いの数々を証言してくれた。その思いを織り込みながら一期生「最後のひと」の証言を残すことにする。

少年隊第１期生須永鬼久太と父親　渡満前の下関にて

高等小学校卒業時（現在でいう中学二年生）に、担任から「関東軍防疫給水部」における「見習い技術員」の採用試験を勧められたのが、少年隊に入るきっかけとなった。試験は長野県下にある小諸職業安定所で受けている。須永少年は旧制中学への進学を望んでいたが、あいにく進路決定の時期に「盲腸炎」で長期間の入院を余儀なくされたことで、進学を断念している。「勉強を続けながら、給金も配給される」と知り、入隊を決意したという。わずか、十四歳である。「関東軍防疫給水部」が何であるのか知るはずもない。

無事に合格し、須永少年は満州へ渡った。

だが、実際に平房の施設に到着して、教育部で学ぶ日々にあって、自分が描いていた夢と現実はどれくらいかけ離れていたのだろうか。いくつかの問いかけに九十六歳の須永は明確に答えてくれた。

筆者のインタビューに答える須永鬼久太さん

【証言者・一期生　須永鬼久太】

筆者　教育部を終えられて後は、どのような班に配属されたのでしょうか。

須永　焼成班に配属されたのです。でも一九四三（昭和十八）年にはすでにそのような作業を始めていました。私の仕事は、ペスト菌爆弾の容器を焼き上げることでした。少量の火薬でペスト爆弾が爆発した後、粉々に飛び散った後、中身の細菌が生きたまままばら撒かれるように、陶器製の容器が使用されていたのです。自分たちが作る陶器が細菌兵器用であることも説明を受けていました。

筆者　一期生の入学は一九四三年ですね。午前中は一般教科の授業を受けながら、午後にはそうした実践をされていたのでしょうか。

須永　そうでしたね。

筆者　先ほど、ご自身の作られた陶器は、細菌兵器のためであることはご存じだと言われました。実際の作業の内容を知らされ、あるいは使用した現場を見た少年隊員もおられたと思います。内容を聞かされた時や、実際に見た時など、驚かれたのでしょうか。あるいはそれが戦争なんだと割り切っておられたのか。隊員仲間同士をでお茶を飲んだり、就寝前に自分たちの仕事内容など話されることもおありだったでしょうか。

少年隊第一期生集合写真

須永　任務が終わった夜に同期の友人と会うと、お互いの業務内容をよく話していました。「今日は人体解剖をした」「軍用犬に細菌兵器を運ばせる訓練をしている」なんていう人もいましたね。まだ十代でしたけど、当然施設内で生物兵器を作っていることは知っていましたよ。

「人体解剖を行った」「軍用犬に細菌爆弾を運ばせた」といった会話は、部隊の少年兵たちにとってありふれた世間話だった。

一期生の少年たちにとって、施設内で非人道的な生物兵器が製造されていることは周知の事実であり、十代の少年兵たちであってもやがてその環境に慣れていく。

筆者　今では、よく知られる施設内の七、八号棟の「捕虜収容棟」について、当時からご存じだったのでしょうか。また、そこに収容されている人たちはどういう人たちであったのか、少年隊員たちは知っていたのでしょうか。

須永　人体実験に使われる〈マルタ〉は捕えられたスパイで、死刑囚だと教えられていました。だから良心の呵責みたいな感情もありません。部隊内で人体実験が行われていることは、焼成班に配属された頃から知っていました。本部施設三階の窓から、中庭にいる〈マルタ〉を見たことがあります。どこの国の女性かはわかりませんが、遠目に女性の〈マルタ〉を見たこともありました。

この時初めて、須永は囚われの人たちを〈マルタ〉と称した。また初めて実験台となった〈マルタ〉を見た時の記憶を、彼は次のように振り返っている。

「十四歳で入隊した当時の我々は、本心からお国のためだと思い、滅私奉公のつもりで任務に当たっていました。『この細菌爆弾が完成すれば戦局を変えることができる』と上官から言われていましたから」

残虐な実験が基地内で行われ、しかも捕虜が実験台にされることに対して、特段の驚きはなかったという。仕事の内容がわかるにつれて、いろんな無謀な出来事があっただろう。それらに直面しながら、自身の気持ちはどのように変化していったのだろう。あるいはたとえ相手がどういう人であっても、どのような理不尽な現実に直面しようとも、「お国のため」と自らに言い聞かせようとしたのか。または考えれば考えるほどつらい現実に、あえて考えないようにしたのか、その胸中を知りたいと思った。

当時の状況を須永はこう話す。

「日本が、だんだんと芳しくなくなっているとまわりの雰囲気や空気がそれを伝えていましたから……」

ソ連が国境を越えて満州に侵攻してきた昭和二十（一九四五）年八月九日以降、須永が所属する少年隊は、機密保持のため施設内の研究室を破壊するよう命じられた。その後、工兵隊が本部の建物を爆破し、証拠を隠滅したうえで撤退した。一部の少年兵は不必要になった捕虜を直接「処分」させられたらしい。須永らが研究室を破壊している間、施設の一角からずっと黒い煙が上がっていた。少年隊員たちが捕虜を殺害し、死体にガソリンをかけて燃やしていたのだった。

その後、須永らは朝鮮を経て日本へと戻った。帰国直後に、感じた「恐怖」を語ってくれた。

「なんとか内地に戻ったものの、我々の部隊に所属していた者の中には『そのうちGHQに捕まって殺されるんじゃないか』という不安が強かったですね。七三一部隊で非人道的な人体実験を繰り返し、細菌爆弾を開発していたわけですから。でもそのうち、石井四郎部隊長が、実験データと引き換えに隊員を免責するようアメリカと取引したと聞いて安心した連中もいましたよ」

筆者　戦友会で集まられた時は、過去のことなど話されるのでしょうか。

須永　七三一部隊のことが報道でこれだけ世に知られたので、「もうすべてオープンにしてしまったほうがいいだろう」と生きている隊員たちで話し合い、数年前からメディアに出るようになったのです。非人道的な実験によって細菌兵器を研究していたのですから、今考えれば間違ったことだった、と思いますよ。でも、当時はそれが当たり前でした。

軍上層部からの教育を受け、部隊の環境に適応した結果、彼ら少年隊員たちにとって、非人道的な人体実験は、やがて「日常」となっていった現実。インタビューを終え、あらためて思うのは戦後八十年を前にしてなお、私たちは須永老人の証言から引き出されたこのような事実を、絶えず見つめ続けていかなければならないこと。だが、歴史の事象や記憶は、研究や報道の世界ではたえまなく変節し、作り替えられていく危険性がある。それによって、歴史の証拠や史実が埋もれてしまうことが多々あることへの危惧を強く感じた。

八十年近く前の記憶をこれほどぶれることなく、明晰に語れる須永老人は間違いなく、七三一部隊少年隊「最後のひと」であろう。彼の言葉を歴史の証言として私たちは次世代へ引き継いでいく責任がある。

エピローグ　教育の罪科

「欲しがりません、勝つまでは」

戦時中、天皇陛下のために一億火だるまとなって鬼畜米英を打ち負かすことのできるスローガンを国民から「公募」した。そして見事当選したのが、冒頭のさる新興宗教を信じる家の十一歳の少女作とされるものだ。

ここでも、宗教が台頭している。政治と宗教そして教育、それらが一つの弾丸となって、若者たちを戦場に送り、悲命なる体験を強いた。それが、先の戦争であった。

風光明媚な瀬戸内海の小島に、少年少女を送り込み「細菌兵器」の製造に加担させ、侵略して建国した満州へは、医者の道が開けるのだと少年たちを欺き、「生体実験」に携わらせた。しかも、彼らを送り込んだ背景に、教育者たちがいた。

筆者の手元に一枚の写真がある。

インタビューに応えてくれた須永鬼久太氏からいただいたものである。

すでにセピア色になった写真には「父と子」が写っている。

小学校を卒業してもまだ学びたくて、満州七三一部隊の教育部に挑戦。試験に合格した息子が渡満する出発地の下関まで、父は故郷信濃から送っていった。その時の写真だという。

父の胸中はいかばかりであっただろうか。大切に育てた息子が「お国のために役立つ」のだという「誇り」なのか、あるいは初めて親から離れ、戦火の地「満州」へ行く息子が、異国の風習に慣れることができるだろうか、無事に戦争が終わると日本へ戻ってこられるのかと言う「不安」なのか。実家で見送った母はどうだったろうと、いまさらながら胸が押しつぶされる思いである。母の思いが父の同行につながったのかもしれない。

「少年隊を設立した当初の意義は、家庭の事情で勉強したくとも勉強できない諸君を満州に呼んで勉強させ、国家を救う七三一の重要な人材となってもらうためであった。そのために中等学校以上の資格を与えてやり、さらに優秀な者には大学まで進学させる考えであった」

戦後、再会した元少年隊員たちを前に、傍若無人にも平然と言ってのけた石井四郎の写真も、筆者の手元に存在する。須永氏が話したように、写真の中にいる石井老人は、これがあの「悪魔の部隊」といわれた七三一の隊長とは思えない「好々爺」そのもので、思わず面食らってしまう。「七三一部隊」などなかったと言い張るグループにとっては、うってつけの写真になるかもしれない。

日本同様枢軸国として戦い、敗戦したドイツは「アウシュヴィッツ収容所」をはじめとする非道極まりない自国の歴史を、戦後一貫して教えてきた。当時のナチス・ドイツは国内外に十ヵ所以上にもおよぶ「強制収容所」を開設していた。そこで膨大な数のユダヤ人が殺されたことは、今や世界中の誰もが知る。ユダヤ人だけではなく、少数であったがポーランド人も犠牲になっている。もちろんソ連やヨーロッパ各国からも犠牲者は出ている。

ヒトラーを筆頭に「ナチス・ドイツ」は「ドイツ民族こそが最も優秀な民族」であるといった極端な「人種（民族）差別」政策を実行し、さらには知的障害者や、自分たちの意に沿わない思想の持ち主から収容を始めていった。彼らは厳しい労働を強いられ、やがてはガス室に送られ殺された。遺体は埋葬されることもなく、髪の毛は切り取られ寝具などに利用された。ガス室で焼かれた「遺灰」は肥料となり、あるいは死体から抽出された「脂肪」は石鹸となったのである。

七三一部隊と同様、ここでも「生体実験」は行われていた。ナチスの親衛隊である「ＳＳ」の医師たちが双子や身体にハンディのある収容者を使い、遺伝子や不妊法、さらには皮膚実験など、七三一部隊同様多くの残酷な実験・研究を繰り返していた。

ドイツはその残忍行為に関する、自分たち民族が犯した歴史に向き合い、ポーランドにあった「アウシュヴィッツ収容所」を博物館として残し、世界の人々に開放している。各収容所入口の門扉には「ARBEIT・MACHT・FREI（働けば自由になる）」と書かれた看板が今も残る。文言は真っ赤な嘘。実態はその正反対にあった。ナチス・ドイツはここで膨大な数の人々を殺戮したのである。

かつての広大な平房の施設に送り込まれた人々もまた、「生きて帰れぬ」運命にあったのだ。「王道楽土」などという美名によって侵略を推し進めていた日本は、反日運動や反日情報組織で活動する人々を真っ先に捉えて「生体実験」を繰り返した。戦後、悔いてその罪を告発した「張本人」たちも少なからずいた。だが、ドイツのように国家として小学校低学年から自国の罪を教えるようなことは今なおない。

筆者はかつてドイツ・ミュンヘンから約二〇キロにある「ダッハウ強制収容所」を訪れた際、先生に引率されてきたドイツの子どもたちと歓談する機会があった。

アメリカから来た「日系人」だと自己紹介した時、一人の女の子がすぐさま言った。

「この収容所を解放してくれたのはアメリカの日系人だったのよね！　ダンケ・シェーン（ありがとうございます）」

脳天をぶち割られたような衝撃が走った。彼らは、引率教師からそのことまでも教わっていたのだ。思わず目頭が熱くなった。

「でも、アメリカは日本に原爆を落としたぞ！」

筆者を直視して、男の子が言った。私はなぜかすぐに返答ができなかった。

別れ際、彼らと会話の場を持てたことに感謝の言葉を述べた。先のしっかり者の少女が、再び声をかけてきた。

「私は、自分の国がこんな酷いことをしたって教えてくれたこと、とても嬉しい。そしてあなたに会えたことも」

そう言って、ハグを求めてきた。私は優しく少女を包みこんだ。

戦争の歴史、ことに「敗戦国」では、次世代の子どもたちに、自分たちの「罪科」を詳しく説明しようとはしない。

だからこそ、再び戦争に向かいそうな「暗雲」が漂い始めると、戦争の本質を知らされないまま「光」の部分だけを摘み上げてしまう危険性が指摘されてきた。つまり「影」の部分を知らないことが、好戦的になるキッカケとなり、戦争への道へと導かれやすくなっていく。
これまで本書で述べてきたように、あの時わずか十四歳の少年たちが「学び」の場を求めて満州へ渡って行かざるを得なかったという事実を受け止めたいと切に思う。そこにはいかに「教育」が重要であるか、その再認識が不可欠である。
どの国もそうであるように軍隊では、戦地に真っ先に送られ命を落とすのは、青年たちなのだ。世界一の軍事大国、（今やそれも危うくなっているが、それでも）アメリカの青年たちは、母国に自らを差し出すのは「美徳」と考え、「戦争」だって時にはいいことだってある、などと愚かなことを言う。

十四歳で「少年隊」に志願した少年たちは、ようやく学べるのだと希望に胸を膨らませ、周りに励まされて満州へと渡っていった。それは少年たちにとって、ワクワクする「冒険」だったのかもしれない。「乗せてもらえるぞ」との言葉を信じて、ある少年は飛行機好きが高じて入隊した。そうしたすべてが少年たちにとって「魅力的」な勧誘であっただろう。大人たちがここにきてなお猛省しなければならないのは、「少年たちの夢を欺き、戦地で戦わせ、命を奪った」ことである。「第七三一部隊」に関わる「ハバロフスク裁判」、そして石井たちを免罪した「東京裁判」、もっといえば隊員幹部たちの戦後の欺きなど、クローズアップして書きたいことは限りなくあった。だが本書のテーマは「少年隊」に絞った。

最後に、筆者が「プロローグ」で七三一部隊撤退時における十四歳の「少年隊員」の証言があまりにも重く、裏づけが取れないまま公表できなかった、唯一「心残り」なエピソードがあることをお伝えした。ここ数年間追い続け、ようやく確信に至ったと表現することをお許し願いたい。「二人」の証言をお届けして、本書を締めくくりたい。

【証言者・元七三一部隊員　満州天理村出身　相野田健治】

昭和二十（一九四五）年五月、突然の召集命令。しかもかつて父親が作業に駆り出されていた平房の「七三一部隊」。この時、相野田は十八歳。終戦の三ヵ月前のことである。

「七三一部隊の秘密は、どこまでも守り通すのだ。どこまでもお前たちのことは追跡していることを決して忘れるな！」

撤収の際に鬼の形相で勧告した石井隊長の言葉は、相野田の全身に刻み込まれたまま半世紀以上の歳月が流れていった。石井は至るところでこのような発言をしているので、表現に差異がある。

天理教本部は引き揚げ者のために三重県の山奥に土地を用意した。終戦前後から帰国までの「苦難」を嫌というほど味わった両親は、山の中の未開地を家族で苦労して開墾した。しかしこれぞ親神様の「真意」だと感謝した。いったい宗教とは何なのだ、今なお苦悶する相野田である。

そんな彼には、部隊では一つだけ、「良き思い出」があるという。

「花園神社で行われる慰霊祭に頼まれて参加したんだよ。なぜかって俺は、天理教の雅楽部隊にいたものだから、『ひちりき』を奏でながら楽人の衣装を纏い、位の高い軍人や大勢の隊員の前を歩いたんだ。全員が直立不動で見ていたよ。あの時ばかりは、それまでの生き地獄の恐怖心が吹っ飛んだ。一瞬だったけどね」

まるで雲の上を歩いている感覚にとらわれたという。

「あの時くらいだね、天理教信者でよかったと思ったのは」と、言って彼は苦笑いした。

戦後少し落ち着いた頃、家族を持つことに決めた。しかし子どもたちが成長するにつれ、「信仰心」がさらに薄らいでいく。心配する両親を尻目にどんどんと教会から離れて行った。教会を離れるということは、天理教の共同体から指弾の目にさらされることである。それでも彼はめげなかった。石井の言葉は、彼の戦後を呪縛したが、親の信仰も同様であった。

〔この自分は、七三一部隊で何をしてきたのか、お前たちは知っているのか！〕

七三一部隊に送り込んだのは、まぎれもない（天理教）本部だったのだぞ、とどれだけ叫びそうになったことか。

「終戦を前にしたあの撤収作業において、この自分は何をしたのか、言ってやろうか。二階の窓から放り投げられてくる毒殺された〈マルタ〉たち。中には、息絶え絶えながらも生に執着し、この自分を凝視する者もいた」

だが命令通りに、大穴に置いた死体に、歯を食いしばり、大きく目を見開いて自ら木をくべ、火を放ったのだ。それでも「せかい・いちれつ・みなきょうだい」（天理教の教え）と言わせるのか。自分たちの「親神」様はいつまでこのようなことをさせるのか………。

自問自答する相野田だが、ただ、命令に従う自分自身が恐ろしくて仕方がなかった。

ふと空を見上げると、夕暮れが迫っていた。

あれほど厳重だった施設の扉は開け放たれ、周囲は大混乱。近くの扉では、焼き出された「遺灰」をスコップで掬い、急いでドンゴロス（かますという人もいる）の袋に詰めていく隊員たち。それを荷車で運び、トラックの荷台に放り投げた。

「松花江に捨てているのだ」と隊員らしきものが耳打ちした。そして「一刻も早く、焼き出せ」と目で合図した。たまらずに見上げた七号棟二階の窓に、少年たちの姿が目に入る。

「子どもたちじゃないか、まさか〈マルタ〉がまだ生き残っていたのか」……、相野田は半信半疑でしばらくその光景を見つめていた。


「子どもたちが、何かを担いで部屋の中に入っていたんだよ」


後年、彼がインタビューの際に語った驚くべき証言。だが、相野田の視界に飛び込んできた子どもたちの真相、確証を求めて、それは何かの間違いではないかと、相野田に会うたびに筆者は問いかけた。しかし、彼の証言はいつだって揺るがなかった。

「子どもたち」という言葉がひっかかった。だが、実際に確認できるだけの資料は見つからないまま、時が流れた。

「最後の焼却作業を終えてからは、どうされましたか」

筆者は再度たずねた。

「最後はね、焼き尽くされた遺体を、まだ暖かい遺体をそのまんま袋に詰めて、松花江に運んだんだ」

最後のインタビューで目に涙を溜めながらこう語った相野田は、それから、ほどなくして逝った。


相野田が終生忘れられなかった光景。

犠牲者たちを火にくべ、そして松花江へ放り投げたつらく厳しい思い出とともに、なぜあの時ふと見上げた七号棟の二階の窓に「子どもたち」の姿を見たのであろうかという「疑問」。それは戦後の彼にたえず付きまとった。

確証を求め、繰り返し問いかけた筆者に対し、最後は彼が問うた。


「なんで、子どもたちがいたのかね。自分は一度も少年たちの姿を施設内では見かけたことはなかったんだが……まさか隊員の家族からはぐれたということはないだろうな」

「子どもたちが、何かを担いで部屋の中に入ったんだよな……」――昭和二十（一九四五）年夏、相野田健治が見た光景に偽りはない。

【証言者・四期生　清水英男（二〇二三年秋、宮田村にて）】
二〇二三年秋。インタビューの日はあいにく大雨だった。自宅にお邪魔しての取材だったが、清水氏は雨の中、自宅近くまで迎えにきてくれた。四期生で証言できる最後の人であろう。

昭和二十（一九四五）年三月、村の小学校を卒業後に同級生数名と満州へ向かった。

「卒業前に、先生から満州行きを進められました。十四歳の時です」

裕福ではなかった家庭の事情から、諦めていた医学の道。夢に向かって一歩を踏みしめられるのではないかと、子ども心に希望を抱いたという。一方で教師たちは「見習技術員」とだけ少年たちに説明をしている。渡満後は実際にどのようなところで何をするのかまったくわからなかった。

清水英男さん（筆者提供）

昭和二十（一九四五）年四月の入隊だから、第四期生。次第に敗戦の色が濃くなっていた頃である。同期の隊員は全員で四十三名。病原菌に関する基礎的な知識や、ネズミから体液を採取して病原菌の培養実験などの「にわか教育」を受けた。なぜそのような学習をするのか、彼らの多くは把握していなかった。ほどなく清水と他三名は「教育部実習室」への配属が決まった。実習室ではネズミの実験を重ねる日々だった。

ある時教官の一人が、彼に言った。

「今後は、外科医への道もある。そうなると一日に死者三体は解剖しなければならない」

「外科医になりたいです！」

そう答えるとすぐに、本部二階の「標本室」に連れて行かれた。ここで、清水は初めて人間の「臓器」を目にする。ホルマリン漬けにされた臓器の入ったビンが、棚の上に所狭しと並べられていたのだ。

「これらすべてが〈マルタ〉の人体実験から採取したものだ」

あまりにも衝撃的な光景を目の前にして恐怖におののく清水少年に向かって、教官は説明した。実験のためには人の体を解剖するのか……齢十四歳の少年は混乱するばかりだった。

「女性や子どもたちもいました。中国人だけじゃなく、ソ連人や朝鮮人、そしてアメリカ人もです」

アメリカ人も犠牲になったと、私に向かって伏目がちに語ってくれた。八十年近く前の凄惨な光景は、今もなお清水を苦しめる。

「ここで見たこと・したことは決して話すな」――敗戦で部隊を撤退する直前、厳しく言い渡された。帰国しても絶対に医療機関で働いてはならぬ、とも戒められた。

清水はあの地獄のような「標本室」の光景が脳裏から離れない。八十年近く経った今でも、かわいい孫に会うたびに恐ろしい光景を思い出す。過去の恐怖がよみがえって戦慄するという。

ソ連は一九四九年十二月末、極東ハバロフスクの軍事法廷では、日本の細菌戦戦犯十二人を裁いた。七三一部隊の細菌製造部部長を務めた川島清は法廷で、部隊が実験により、中国や朝鮮、ソ連などの兵士と民間人三千人以上を殺害した、と告白した。

「部隊から支給された細菌入りの蒸しパンを食べたことがある。それまで自分も実験に使われていたとは知らなかった」

清水は回想する。作家の森村誠一が多くの元隊員への取材を元に著した『悪魔の飽食』を読んで初めて、自分も「実験台」にされていたことを知ったという。

平房はすべてが近代的施設であり、トイレも水洗だった。しかし少年隊のトイレだけは「ボットン便所」だった。それが不可解だったが、戦後になって、その汲み取り口の中にはさまざまなバイ菌が混入していたことを知り、愕然とした。だから実験で細菌に感染した隊員の生体解剖を行っていたのだ。

清水たち四期生は、七三一部隊におけるわずか五ヵ月足らずの「少年隊員」であった。帰国後は文字通り「艱難辛苦」の道のりであった。家族にも「少年隊員」であったことを一切話すことはなかった。明るみに出始めた七三一部隊の蛮行を知るにつれ、自責の念に押しつぶされそうになった。

そんな彼が、平成二十八（二〇一六）年に故郷、長野県飯田市で開催された平和資料収集委員会主催による「平和資料展」において、元七三一部隊隊員が提供した医療器具が数点展示されていることを知る。一緒に満州に渡った看護婦の友人と妻と一緒に鑑賞に行った。これが彼に大きな転機をもたらすことになった。

「私も、この七三一部隊の隊員だったのだ。ここに事実ありき」――結婚以来、清水はこの日初めて妻に打ち明けた。

インタビュー終了の時間が迫ってきた。筆者は最後に部隊撤収前後の様相を問うた。

清水　八月十二日のことでした。

しばし沈黙の後、語り出された事実。

それはまさに筆者が探し求めた「心残り」な背景そのものであった。

「上官のところに行くと、すでに三人の仲間が待っていました。もちろん彼らの名前はわかりません。準備された爆弾があり、それを四人で担いだのです。そして注意深くゆっくりとした足取りでロ号棟に向かって歩き出しました」

初めて入ったロ号棟の凄惨な光景に、思わず目をつぶる。それは言葉で表せないほどの衝撃だった。床は血や汚物にまみれ、壁には血痕で彼ら（マルタ）の遺書（清水の弁）が至るところに書いてあった。四人は「爆弾」を吊り下げた「丸太ん棒」の両端を担いで、ゆっくりと、床に足を取られないよう中央へと進んでいった。

そして、命令された位置に下ろしたのだ。

「爆弾を下ろしたら、直ちにボイラー室に退避せよ」

上官の命令通り、ロ号棟を脱出した四人は無言でボイラー室へ急いだ。

「それから程なく、爆音が聞こえてきたのです」

爆破は、工兵隊の作業だった。

これこそ、筆者が探し求めた、プロローグの「心残り」を再現してくれる証言だった。「天理村」から召集された相野田の証言を裏付ける証拠がここでよみがえった。

清水が語った昭和二十（一九四五）年八月十二日の体験は、語ることを禁じられてきた彼の人生を呪縛し続けた。

だが、「元七三一部隊の少年隊員」であったことを自ら表明するに至るまで、気が遠くなるような彼の戦後の歳月に心を寄せる時、近年、当時の証言を開始した彼の言動に対し、いかに心ない人々からの「中傷」に傷ついてきたかと想像するのは容易なことだ。相野田がそうであったように、証言者当人が生存する限り「指弾の目」と戦っていかなければならない。筆者のところにもそのような「声」は届いている。「曖昧である」とか「他者からの伝聞でしかない」という無責任な指摘に、あえて言っておきたいことがある。

清水が「爆弾少年」の一人であったことは紛れもない事実であり、それを否定する証拠はどこにも存在しないのだ。天理村から生還した相野田の記憶を、真正面から証明したこれほど重大な証言はない。

敗戦から八十年近くを経て、これまで語りたくとも語れなかった生存者たちの声をあえて、「信ぴょう性」がないなどと糾弾できるものは誰一人いない。少年隊員たちによるそれぞれの立場からの証言も然りである。それぞれに共通性がある一方、ところどころ違っている。しかし、多角的な視点によって炙り出されていく証言に対し、「未体験」の人々が誹謗してはならない。

時代のうねりの中にのみこまれたわずか十四歳の少年たちが、七三一部隊において、どのような目的でどのように関わってきたのか、もっといえばいかにして苦悶の日々を過ごしながらも乗り越えようとしたのか。自分たちを見失うことなく、彼らの証言が浮き彫りにしてくれたことは、紛れもない史実なのである。さらに言えば、戦後の日本社会はまさに「鬼畜米英」から「民主主義」へと大きく転換した。

その現実を受け入れながらも、それでも七三一部隊の鉄則を最後の最後まで守り抜こうとした多くの元少年隊員たち。国の命令による「生体実験」に関与した行状を素直に認めながらも、「戦争を引き起こした国が悪かった」などということさえないのだ。彼らより、何十倍も残虐な「生体実験」を重ね、戦後はのうのうと教壇に立ち、医学の論理を説いてきた医学者たちの姿を思い浮かべる時、元少年隊員たちの「素直」さに救われる思いがする。

須永氏へのインタビュー時その証言をもとに筆者が下書きしたものを、林茂紀氏が挿画に仕上げた。

あとがき

明治維新以後、近代国家をめざした新生日本の歴史は「戦争」の繰り返しであった。最初の十年間は旧幕勢力や農民一揆の鎮圧に始まり、台湾と朝鮮半島への侵略、日清戦争、義和団事件、日露戦争、韓国併合、さらには第一次世界大戦へとつき進んでいった。そして、満州事変以来十五年間にも及ぶ中国への侵略戦争、ついには太平洋戦争と、日本国民は「戦争」に翻弄され続けた。

支配者たちは「八紘一宇《はっこういちう》（Eight crown cords, one roof）」を喧伝した。神武天皇以来、日本国（内）における「天皇」による「国家統一」を理想とするところであり、そのために惜しげもなく命を捧げ、忠誠を尽くすことが最高の名誉であるとした。だが、明治以後の支配者たちは「大日本帝国」拡大を正当化すべくその精神を変節し、国内から国外へと向けることによって国民を戦場へと駆り立てて行ったことは誰もが知るところであろう。

今から十年ほど前に、自民党のさる女性国会議員が予算委員会での質問において「八紘一宇」を持ち出したのには愕然とした。彼女がその歴史的な背景を認識していたならば、このような発言は御法度のはずである。だがこの議員は、戦争中のスローガンをあらためて「肯定」しただけでなく、「建国以来の日本が大切に守り続けてきた価値観」であると論じたのである。この発言に、同盟国アメリカが動揺した。当時のオバマ政権は日韓関係がこれによってさらに冷え込み、悪化することで自分たちの「同盟」が揺らぎ、さらにはアメリカの東アジアにおける「紛争戦略」が根底から揺らぐことに危惧を示した。問題なのは、戦後七十年近くを経て、かつてのスローガンがなんらの抵抗もなく、平然と語られるところにあった。

いかなる国の指導者たちにも、国を形成する国民の生命と日々の生活を守るべき義務と責任があるはずである。しかし、日本の指導者たちが守ったのは「国民」ではなく「天皇」を頂点とする一部支配階級の権力と富でしかなかった。

言うまでもなく、このような「姿勢」は西洋列強においても今なお続き、支配される側の国々では「戦火」は止まず、多くの国民や無名の戦士が犠牲になっている現実がある。現在のウクライナがその最たるものであり、わが母国アメリカは、愚かにも国際社会のリーダーと自負することでウクライナに武器や戦闘資金を送り込み、戦況は泥沼状態になっている。イスラエルによるガザへの侵攻も然りである。

一九四五年八月十五日の「敗戦」まで「神国」と言い続け、焦土と化した果てに、戦争を「放棄」した日本こそ、世界の紛争に目を向け、戦争の「火」と「火種」を今こそ消し去ることに立ち上がるべき大いなる役割があるだろう。そうすれば、中国をはじめ世界の人々も、かつての日本軍による残忍きわまりない「蛮行」に対し、少しは赦しの目を向けてくれるだろう。こんなときに「連合国」だって同じことをした、などとあれこれ講釈をしても始まらないし、意味はない。大切なことは、遠い日の戦争から目を背けるのではなく、過去の体験を価値あるものに転換してこそ、昨年ノーベル平和賞を受賞した広島・長崎の被爆者たちの「非業・非命」なる苦しみもほんの少しだけ報われるのでは、とそんな思いがよぎり始めた今日この頃である。

わずか十四歳で満州に渡ることを余儀なくされ、狼狽する少年隊員（四期生清水英男は同級生の少女たちも渡満したと言う）たちを前に、「頑張れば、満州医科大に行ける。そして、やがては医者になれる」と嘯《うそぶ》いた七三一部隊の軍医や隊員たちは、少年たちを動員するためには明確な目標を与えるに限る、ということをよく心得ていたのだろう。

だが、そんな大人たちの声音は十四歳の少年たちの胸にどう響いたのだろうか。決して励ますものでもなく、心が温まるものでもなかったはずだ。だからこそ、かつての少年隊員たちは、自分たちの「見たこと・聞いたこと・したこと」を後世に残してほしいが、あえて仮名にしてもらいたいという彼らの思いに、筆者は最後まで応えてきた。そうした彼らの証言の真偽について気になる読者の方には、参考文献などにあたっていただくことをお願いしたい。そして名前を伏せてほしいと言いつつ証言された方々への感謝を、筆者としてあらためてここに記しておきたい。その証言は九州全土をはじめ滋賀・京都からも寄せられている。さらにいえば、石井が学んだ京都大学では、戦後「ご献体」に対して医学生たちが少しでも無作法な扱いをすると、教授陣は彼らを即刻「退学」にしたという報告も受けている。

いつの世も繁栄の時は短く、滅びる時は早い。

明治維新の前までは、日本人の精神性は豊かなものであったはず。

ある人は、武士階級がそれを生みだしたと言う。だが、一方で極貧の日々を送らなければならなかった農民たちの存在も忘れてはならない。そのような「階級の差」があってなお、明治以前の人々は精神的な成熟を重ねていった。彼らの日々の生活は、京都《みやこ》を中心とした伝統的かつ豊かな文化とは大きく異なっていたものの、別種の豊かさがあった。そんな彼らの日常の名残さえ奪ったのが明治新政府の人々であった。西洋列強に習い、追いつこうと必死になったのはいいが、新政府関係者たちはあまりにも性急すぎた。「財閥」を組織化して「軍部」の力を強大化させ、「新生日本」を戦争国家へと仕立てたあげくに、第二次世界大戦での「大敗北」に至っているのだ。

この戦争においてわが母国アメリカは、わが祖国日本の広島・長崎に世界で初めて核兵器を落とした。その悲劇は連綿と続き、被爆した親を持つ二世・三世たちにも後遺症に苦しむ人々は後を絶たない。

もっと言おう。新政府による「産業革命」は、田畑を破壊して工場を建設し続けた。そのあげく、工業地帯では空気が汚染され、海や川は公害物質であふれかえった。明治までの日本は農業国であったはずだ。そして、人々の生活は神仏習合などの影響のもと「村」としてのあり方でまとまっていた。それに対して、新政府は神仏分離を推し進め、代わりに国家神道を信仰の柱とし、その一方で西洋人が心の支えとするキリスト教の価値観を取り入れようとしたのである。かつてはキリスト教を禁教としたはずの日本がである。近世にキリスト教信仰に目覚めた農民や漁民たちを弾圧し続けた歴史があるにもかかわらず、西洋の生活スタイルを取り入れる一方、表面的な「キリスト教的」近代国家を形成しようとしたのだ。だからだろうか、明治以後の支配者には「キリスト教徒」が多い。だが、キリスト教的精神を養ってもいないこの時代の指導者たちが、どこに「博愛の精神」を見いだせるというのか。明治維新を全否定しているのではない。猿真似だけの精神性を「自画自賛」してきたあまり、あらゆる方向において今日まで、その「歪み」が尾を引いているのではないかと筆者は考えるのだ。


私ごとで恐縮であるが、本書執筆の終盤にかかるころ、少年隊員一人ひとりの証言を紐解きながら、大人たちの思惑に従わざるを得なかった彼らの少年時代の残酷かつ非業の日々、そして数々の「生体実験」の犠牲となった中国の人々の痛みと叫びで、全身はがんじがらめになり、とうてい書き進めることができない一時期があった。同時期、パソコンのキーボードをたたく指先が激痛とともにしばしばフリーズした。そんなとき脳裏に浮かんだのは、人はこのような指先の痛みでさえ「悲鳴」をあげるということである。実にシンプルなことだ。だが、「生体実験」の犠牲になった何百、何千という人々の激痛と怨嗟の叫びに、たとえ瞬間的ではあっても心を寄せることができなくて、なんのためのジャーナリズムなのか。自らそのように言い聞かせ、ようやく完成にこぎつけることができたのには医師たちや長年の友人の支えがあり、さらには家族が私にエネルギーを注ぎ続けてくれたからにほかならない。

敗戦からまもなく八十年目を迎えようとする今、あらためて思う。七三一部隊を設立した関係者たちや、設立後に残酷な行為や所業を実践した者たちは、それを恥じているのだろうか。あるいは「国」のためだったと誇りに思っているのだろうか。戦後の関係者たちの「道行記」を示す資料を前に、そのようなことを何度となく考えざるを得なかった。とりわけ「少年隊」の存在を詳細に知ってからは、第二次世界大戦の敗北とその後に開廷した二つの戦争裁判「東京（一九四六―四八）・ハバロフスク裁判（一九四九）」を体験した日本、さらには敗戦後の日本社会に生きた人々の複雑な「感情」に関心を抱いたと同時に、日本人としての「罪」のありようを問いかけずにはいられなかった。

だが、執筆を続ける筆者のもとには、「七三一部隊」など存在しない、ましてや「少年隊」は、「満蒙開拓少年義勇軍」の間違いではないか、といった声だけではなく、それを否定する資料まで送り届けられてきた。そのたびに、自国の過去の歴史を知らない人々が、どれほどの数だけ日本にいるのだろうか、と愕然とした。同時に、過去の歴史的事象をこうまで否定する祖国の姿勢に心が傷んだ。だが、こうした一連の出来事は、私にかつての「家永裁判」を思い起こすきっかけをもたらした。

「家永裁判」とは、日本を代表する歴史学者の一人であった家永三郎（一九一三―二〇〇二）が執筆した高校の歴史教科書『新日本史』を検定不合格とする文部大臣の処分に対し、それは「検閲」であり憲法違反であると提訴したことに端を発する裁判である。それは一次から三次にわたり、一九六五年から一九九七年まで三十二年の長きに及んだ。その中には、最終的に裁判所が認めた七三一部隊をめぐる記述が含まれていたことは言うまでもない。

筆者にクレームをつけてきた人々は、政府のこうした教育行政のもとで、自分たちの国の過去の歴史、もっと言えば加害の歴史を知らされない学校教育の歪みをもろに受けた、ある意味、教育の被害者なのかもしれない。かつての日本政府・日本軍が繰り返した加害歴史を学ぶ「機会」が失われていたある時期の日本人たち。そうした教育の現状は、今なお日本の教育現場において連綿と続いているのではないかと憂慮する。七三一部隊設立のきっかけとなった小泉親彦（本書第4章）は、戦後、割腹自殺した。だが、七三一部隊長石井四郎をはじめ幹部の軍医たちは、それぞれ医学関係の要職に就いた。一方、焦土と化した母国に戻った少年たちの戦後は、あまりにも理不尽であった。

「見たこと・聞いたこと・やったこと」は断じて口にしてはならぬと厳命されただけではない。「決して医学関係の職業についてはならぬ」ときつく言われて帰還した。二十歳にも満たない青年たちの身についた医学の知識とそれに伴う治療法などは、当時の日本社会では想像をはるかに超えた高度なものであったはずだ。だからこそ石井たちは「七三一部隊員」であることを勘ぐられないよう、脅しをもって囲い込んでいったのだ。その背景には、日本軍は何としても部隊の存在を打ち消さなければならない理由があった。それは言うまでもなく大元帥・天皇直下の命令である「大陸命」による組織だったからである。

そんななかで少年隊員たちは、極めて制限された職種に就き、かろうじて戦後を生き抜いた。軍人年金はおろか、学歴の修了さえ国は認めなかった。

敗戦から十三年後に少年隊員たちと再会した元隊長石井四郎は、さすがに彼らを前に詫びたという。だが、それだけのことであった。

旧ソ連でのハバロフスク裁判において、ソ連側は石井をはじめ軍医幹部たちを日本から連行しようとした。だが、アメリカがそれを阻んだ。なぜなら、自分たちがやりたくてもできなかった「生体実験」に関する膨大なデータを、何が何でも入手したかったからだ。それを交換条件に「免責」され、戦犯訴追を免れた。「大罪」を裁かれぬばかりか問われることもないまま、石井を除く軍医たちには将来が約束された。しかし、石井四郎は戦時中の度を超えた「道楽」がたたったのか、あるいは米軍との「交渉場所」をカモフラージュすべく「売春宿」の主人となったことによる悪影響のためか、誰よりも先に六十六歳で逝ってしまった。

これらの歴史は、日本人にとってすでに過去の出来事であり、しかも戦時下の事象であるのに、なぜ今更掘り起こそうとするのかと疑念を抱く人たちがいるのも当然であろう。日本人やかつての日本軍を責める目的で書いたのではないか、とも。しかしながらこれは、過去の事象では決してない。また同時に日本人だけのものでもないことは明確である。その最たる例としてイスラエルによるガザへの無差別攻撃がある。

イスラエル側は、自分たちの民族を守るための行動であると弁明してきた。確かに二〇二三年十月七日、ガザ地域にいる「ハマス（ゲリラ隊）」によるイスラエルへの攻撃があった。それに対しイスラエル側は、自分の民族を守るためにガザへ報復攻撃を開始した、それが妥当な行為だと主張した。

しかし彼らの主張で欠落しているのは、一九四八年にイスラエルが新国家として建国された際、多くのパレスチナ人を殺し、外国へと追放し、さらには（イスラエル）国内のパレスチナ人たちをガザや西海岸へと封じ込めたことである。ここで振り返るなら、日本の場合はどうだったのか。日本軍は、日本兵を守るために中国人を使って「生体実験」を繰り返した。それは戦場で戦う兵士たちの命を守るためだというのが大義名分であった。ところが、ここでもイスラエルの主張と同様に、道義の欠落が存在する。

まず、関東軍は満州に日本の植民地を作るための行動を開始したこと。侵略の事実にもかかわらず、日本軍兵士を守るという表向きの「名分」がまかり通り、少年たちの心も欺いた。「細菌」実験も然りである。満州における「抵抗勢力」を制圧するために、強いて言えば満州国（五族共和）の安寧を維持するために不可欠であったという名分がここにも存在した。そこでは相手側の抵抗勢力を「人間にあらず」と見なし、「生体実験」の対象とした中国の人々を〈マルタ〉と称した。それと同様にイスラエルは、パレスチナ人を「動物」だとあざけった。

こうした背景に潜むのは、人類の歴史の中で繰り返されきた自分の民族（部族）のみが「人間である」という無自覚な「自覚」である。同時に、自分たちにとって「有益」であるならば、他民族に対していかなる犠牲を強いても問題はないとする極端な「概念」が存在する。

私たち現在に生きるものにとって、こうした極端な民族意識は風化したように思われがちだが、その実、決して消え去ったものではない。もし、今後このような事態を乗り越える術《すべ》を持とうとしないならば、人類の未来は悲惨以外のなにものでもない。そうならないためにも、母国日本における未来の世代に向けて、書き残そうとしたのが本書の目的であり、筆者のささやかな望みであることをお伝えしたい。

最後にここ数年、わたくしの健康はたびたび変調をきたしてきた。そんななか、えにし書房の塚田敬幸社長は忍耐強く励ましてくれた。またこの間、帰国のままならない不安な状況下にあって、心のこもった治療にあたってくれた京都十条リハビリテーション病院・真多俊博名誉院長そして高橋衛循環器内科センター長ならびに武田病院・垣田謙不整脈治療センター長のお三方には心から感謝の意を表したい。

二〇二五年一月一日

エィミ・ツジモト

ご協力いただいた方々：上川倫子／清水英男／須永久／高﨑智平／林茂紀／藤原晋／真多俊博／的場祥人

資料提供関係者：岡田黎子／奥山典子／須永鬼久太／中島康嗣／辻本龍馬／満蒙開拓平和記念館／山内正之

（以上五十音順・敬称略）

文中挿画：林茂紀

＊「山下久」を仮名としたが、執筆の最終過程において「金谷久」氏と判明した。

〔参考文献〕

石田新作『悪魔の日本軍医』山手書房、1982 年

遠藤三郎『日中十五年戦争と私 —— 国賊・赤の将軍と人はいう』日中書林、1974 年

郡司陽子編『【真相】731 石井細菌戦部隊 —— 極秘任務を遂行した隊員たちの証言』徳間書店、1982 年

群司陽子『【証言】石井細菌戦部隊 —— 今、初めて明かす女子隊員の記録』徳間書店、1982 年

常石敬一編訳『標的・イシイ —— 731 部隊と米軍諜報活動 』大月書店、1984 年

韓暁（山辺悠喜子訳）『731 部隊の犯罪 —— 中国人民は告発する』三一書房、1993 年

山田清三郎『細菌戦軍事裁判 —— 記録小説』東邦出版、1974 年

小俣和一郎『検証 人体実験 —— 731 部隊・ナチ医学』第三文明社、2003 年

江田憲司他編訳『人体実験 —— 731 部隊とその周辺　証言』同文館出版、1991 年

西野留美子『731 部隊の話』明石書店、1994 年

常石敬一『731 部隊 —— 生物兵器犯罪の真実』講談社現代新書、1995 年

青木冨貴子『731 —— 石井四郎と細菌戦部隊の闇を暴く』新潮文庫、2008 年

太田昌克『731 免責の系譜 —— 細菌戦部隊と秘蔵のファイル』日本評論社、1999 年

中国帰還者連絡会編『新編・三光・第 1 集 —— 衝撃の告白手記 中国で日本人は何をしたか』カッパノベルズ（光文社）1982 年

森村誠一『悪魔の飽食』光文社、1981 年

森村誠一『続・悪魔の飽食』光文社、1982 年

森村誠一『悪魔の飽食・第 3 部』角川書店、1983 年

松村高夫編『論争 731 部隊』晩聲社、1994 年

滝谷二郎『殺戮工廠・七三一部隊発見された細菌部隊兵士の告白調書』新森書房、1989 年

シェルダン・H・ハリス（近藤昭二訳）『死の工場 —— 隠蔽された 731 部隊』柏書房、1999 年

エド・レジス（柴田京子訳、山内一也監修）『悪魔の生物学 —— 日米英・秘密生物兵器計画の真実』河出書房新社、2001 年

小野寺利孝他編『中国河北省における三光作戦 —— 虐殺の村・北疃村』大月書店、2003 年

殺戮工廠・731 部隊、滝谷二郎、新森書房、1989 年

ハル・ゴールド（浜田徹訳）『証言・731 部隊の真相 —— 生体実験の全貌と戦後謀略の軌跡』廣済堂出版、1997 年

星徹『私たちが中国でしたこと —— 中国帰還者連絡会の人々』緑風出版、2006 年

半藤一利『ノモンハンの夏』文春文庫、2001 年

戦争犠牲者を心に刻む会編『アジアの声第 8 集　731 部隊』東方出版、1994 年

常石敬一・朝野富三『細菌戦部隊と自決した二人の医学者』新潮社、1982 年

越定男『日の丸は紅い泪に —— 第 731 部隊員告白記』教育史料出版会、1983 年

上羽修写真集『鎖された大地 —— 満ソ国境の巨大地下要塞』青木書店、1995 年

岡田黎子『絵で語る子どもたちの太平洋戦争』2009 年

『一人一殺 —— 井上日召自伝』日本週報社、1953 年

満ソ殉難者慰霊顕彰会編『満ソ殉難記』満ソ殉難者慰霊顕彰会、1980 年

村上初一『毒ガス島と少年 —— 大久野島を語り継ぐために』（自費出版）1998 年

エィミ・ツジモト『満州天理村「生琉里」の記憶 —— 天理教と七三一部隊』えにし書房、2018 年

《著者紹介》

エィミ・ツジモト

フリーランス国際ジャーナリスト

米ワシントン州出身の日系４世

著書に『満州天理村「生琉里」の記憶 ── 天理教と七三一部隊』（えにし書房、2018 年）、

『満州分村移民と部落差別 ── 熊本来民開拓団」の悲劇』（えにし書房、2022 年）、

『隠されたトモダチ作戦 ── ミナト／ヨコスカ／サンディエゴ』（えにし書房、2023 年）。

共著に『漂流するトモダチ ── アメリカの被ばく裁判』（朝日新聞出版、2018 年）がある。

Enishi Shobo

七三一部隊《ななさんいちぶたい》「少年隊《しょうねんたい》」の真実《しんじつ》

戦後《せんご》80 年《ねん》の証言《しょうげん》から

2025 年 3 月 10 日 初版第 1 刷発行

■著者　エィミ・ツジモト

■発行者　塚田敬幸

■発行所　えにし書房株式会社

〒102-0074 東京都千代田区九段南 1-5-6 りそな九段ビル 5F

TEL 03-4520-6930　FAX 03-4520-6931

ウェブサイト　http://www.enishishobo.co.jp

E-mail　info@enishishobo.co.jp

■印刷／製本　株式会社 厚徳社

■装幀　大町駿介

■ DTP　板垣由佳

ISBN978-4-86722-134-1 C0036